Remo H. Largo
Lernen geht anders

PIPER

Zu diesem Buch

Für Remo H. Largo steckt schulisches Lernen in einer Sackgasse: Fixiert auf Inhalte, wird immer mehr Stoff in immer kürzerer Zeit in die Köpfe der Schüler »hineingestopft«. Die zentrale Frage einer kindgerechten Pädagogik bleibt dabei ungestellt: Wie lernt das einzelne Kind?
  Aufbauend auf seinen jahrzehntelangen Forschungen, plädiert Largo für einen achtsamen und vertrauensvollen Umgang mit Kindern, denn: Lernen geht anders.
  Ein leidenschaftlicher Aufruf für mehr Freude am Lernen, der sich in gleichem Maße an Eltern und Experten richtet.

Remo H. Largo, geboren 1943 in Winterthur, leitete fast drei Jahrzehnte als Professor für Kinderheilkunde die Abteilung für Wachstum und Entwicklung am Kinderspital in Zürich. Seine Bücher »Babyjahre«, »Kinderjahre« und »Glückliche Scheidungskinder« sind Klassiker. Zuletzt erschien von ihm »Schülerjahre«.

Remo H. Largo

Lernen
geht anders

Bildung und Erziehung vom Kind her denken

Mit 16 Abbildungen und 8 farbigen Grafiken

Piper München Zürich

Mehr über unsere Autoren und Bücher:
www.piper.de

MIX
Papier aus verantwortungsvollen Quellen
FSC® C083411

Ungekürzte Taschenbuchausgabe
Piper Verlag GmbH, München
1. Auflage August 2012
3. Auflage Oktober 2013
© 2010 edition Körber-Stiftung, Hamburg
Umschlaggestaltung: semper smile, München
Umschlagabbildung: Masterfile
Satz: Das Herstellungsbüro, Hamburg
Gesetzt aus der Swift
Papier: Munken Print von Arctic Paper Munkedals AB, Schweden
Druck und Bindung: CPI – Clausen & Bosse, Leck
Printed in Germany   ISBN 978-3-492-27411-1

Inhalt

Bildung und Erziehung im Umbruch   7

Teil I: Charakteristiken der kindlichen Entwicklung

Das Kind als soziales Wesen   29

Das Kind als lernendes Wesen   58

Das Kind als einzigartiges Wesen   83

Teil II: Bildung und Erziehung kindgerecht

Die Grundlagen der Erziehung   107

Eine kindgerechte Schule   123

Dank   176
Literatur   177
Bildnachweis   184
Register   185

*Seit Jahrhunderten umkreisen wir das Kind
mit unterschiedlichsten Vorstellungen,
beim Kind selbst sind wir immer noch nicht angekommen.*

Bildung und Erziehung im Umbruch

Was erhoffen wir uns für unsere Kinder? Wir wünschen uns, dass sie in Geborgenheit und Sicherheit zu sozial kompetenten Menschen heranwachsen, dass sie sich neugierig und selbstständig ihre Welt erschließen dürfen und dass sie all ihre Fähigkeiten entwickeln können, die ihnen helfen werden, einen Platz in dieser Gesellschaft zu finden. Es ist die Aufgabe von Bildung und Erziehung, das Kind in die Sitten und Wertvorstellungen seiner Lebensgemeinschaft einzuführen, es in seiner Entwicklung zu fördern und ihm eine Ausbildung zu ermöglichen, die ein existenzielles Auskommen gewährleistet. Ihr Ziel ist die soziale, kulturelle und berufliche Integration. Häufig wird die Erziehung ausschließlich der Familie zugeschrieben, während die Schule für die Bildung verantwortlich gemacht wird. Doch Bildung und Erziehung sind nicht voneinander zu trennen. Eltern erziehen ihre Kinder nicht nur, sie tragen auch zu ihrer Bildung bei. Und Schule bildet nicht nur, sie erzieht ihre Schüler auch. Seit einigen Jahren schon stehen Bildung und Erziehung gleichermaßen in Familie und Schule auf dem Prüfstand.

Die Verunsicherung ist groß: Eltern suchen Hilfe bei zahllosen Ratgebern und Kursangeboten. Wer keinen Elternkurs besuchen will, wird von manchen Eltern schief angesehen und muss sich gar rechtfertigen. Eltern der Mittel- und Oberschicht investieren in ihre Kinder wie nie zuvor. So steht die Frühförderung auf der elterlichen Agenda ganz oben: Sie nehmen mit ihrem Kind an Kursen für Baby-Signing teil und schicken es ins Frühenglisch.

Auch in der Schule ist die Besorgnis groß. Die Resultate der PISA-Studien haben bei Bildungspolitikern und Bildungswissenschaftlern wie auch in der Bevölkerung große Zweifel am bestehenden System geweckt. Die Studien zeigten unter anderem auf, wie sehr Kinder aus bildungsfernen Familien in unserem Bildungssystem benachteiligt werden. In der Öffentlichkeit und in der Politik wird kaum eine Debatte so heftig geführt wie die über die Vor- und Nachteile von Gesamtschule und gegliederter Schule. Die gesellschaftliche Verunsicherung erzwang hektische und überstürzte Bildungsreformen, die wiederum zu übertriebenen Leistungsanforderungen bei den Kindern sowie großem Druck bei Eltern und Lehrern geführt haben. So werden die Kinder schon mit dem Schuleintritt auf ein erfolgreiches Überstehen der Selektion für das Turbogymnasium gedrillt. Deutschlands Eltern geben jährlich mehr als eine Milliarde Euro für privaten Nachhilfeunterricht aus (Dohmen 2008). Die vorzeitige schulische Auslese schafft nicht nur einen enormen Leistungsdruck, er benachteiligt auch viele Kinder. Die Lehrer leiden unter einem überladenen Lehrplan und kämpfen mehr und mehr mit erzieherischen Schwierigkeiten.

Die Auswirkungen des zunehmenden Drucks auf Kinder und Jugendliche sind unübersehbar: Psychosomatische Erkrankungen wie Schlafstörungen, Magersucht und Depressionen nehmen zu. Rund 400 000 deutsche Kinder mit der Diagnose ADHS werden mit Ritalin ruhiggestellt. Jugendliche begehen überdurchschnittlich häufig Suizid. Der Alkohol- und Drogenkonsum steigt beängstigend. Psychische und physische Gewalt gehört in vielen Schulen zum Alltag. Autorasen und Amoklaufen werden zu neuen Bedrohungen. Immer mehr Schüler fühlen sich in der Schule sozial ausgegrenzt, immer mehr verweigern die Schule. Zu viele Hauptschüler verlassen die Schule ohne Abschluss oder Lehrstelle.

Es gibt zahlreiche Gründe für die Zunahme der Belastungen, unter denen Kinder und Erwachsene gleichermaßen leiden. Einer der wichtigsten ist zweifelsohne, dass Bildung und Erziehung in einer engen Wechselbeziehung mit den sich verändernden Lebens- und Arbeitsbedingungen stehen. Bis in die 1970er Jahre hinein bestand hier über Generationen hinweg eine gewisse Kontinuität, welche die Stabilität in Familie und Schule gewährleistete. Eltern erzogen ihre Kinder so, wie sie selber und schon ihre Großeltern erzogen worden waren, und auch der Schulstoff ihrer Kinder war ihnen aus der eigenen Schulzeit weitestgehend vertraut. In der Gesellschaft bestand ein breiter Konsens über den Bildungskanon unserer Schulen, der im Wesentlichen vom Bildungsbürgertum des 19. Jahrhunderts geprägt worden war und – darauf war man besonders stolz – bis zu den alten Griechen zurückreichte und große Anteile des europäischen Kulturgutes umfasste.

Seit 1970 haben Gesellschaft, Kultur und Wirtschaft einen Wandel durchgemacht, den wir in seinem ganzen Ausmaß

Familie vor 80 Jahren ...

noch nicht richtig begreifen, den wir jedoch spüren und der uns beunruhigt. Es ist keine Übertreibung, wenn dieser Wandel zumindest in einigen Aspekten als Zäsur in der Menschheitsgeschichte bezeichnet wird. Und es ist wenig erstaunlich, dass Familie und Schule, gewissermaßen die Vorzimmer der Gesellschaft, davon zutiefst betroffen sind.

Wie sich die Familie verändert

Die Familie betrachten wir als die Kernzelle unserer Gesellschaft. Über Jahrtausende hinweg bildeten mehrere Erwachsene und viele Kinder eine Lebensgemeinschaft. Eine solche Großfamilie halten 80 Prozent der jungen Erwachsenen

... und heute

auch heutzutage noch für erstrebenswert (Shell Jugend-Studie 2006). Für die meisten wird sie jedoch eine Wunschvorstellung bleiben: Innerhalb von nur drei Generationen sind wir ein Volk von Kleinfamilien geworden. Durchschnittlich 1,4 Kinder zählt heute eine Familie in den deutschsprachigen Ländern. Ein schwaches Drittel der Eltern hat ein einziges Kind, ein gutes Drittel zwei Kinder, und ein letztes Drittel – überwiegend Migrationsfamilien – bekommt mehr als zwei Kinder. Die Kleinfamilie wird zusätzlich geschwächt durch eine Scheidungsrate von über 40 Prozent. Immer mehr Kinder werden von alleinerziehenden Eltern großgezogen. Mit der Entwicklung von der Groß- zur Kleinfamilie und weiter zur Scheidungs- und Patchworkfamilie sind die Anforderungen an Betreuung und Erziehung der Kinder deutlich gestiegen.

In der bisherigen Menschheitsgeschichte bedeuteten Kinder Schicksal. Oftmals kamen zu viele auf die Welt, nicht selten stellten sie eine große Belastung für die Eltern dar. Dank der modernen Familienplanung sind heute bis zu 80 Prozent der Kinder Wunschkinder. Sich für ein Kind zu entscheiden bedeutet für die Eltern, zwischen Familie, beruflicher Karriere und materiellem Wohlstand abwägen zu müssen. Haben sie ein Kind, dann wollen sie auch alles richtig machen. Überspitzt gesagt: Das Kind soll ein Erfolg werden. Damit wird es namentlich in der Mittel- und Oberschicht oft zum Projekt; das erwünschte Resultat soll ein hochbegabtes Kind sein. Eine durchschnittliche Begabung, so scheint es, genügt manchen Eltern nicht mehr.

In den letzten 40 Jahren haben sich nicht nur die Familienstrukturen grundlegend verändert, sondern auch das Rollenverständnis von Frau und Mann und damit ebenso das von Mutter und Vater. Simone de Beauvoir (2000) sprach in den 50er Jahren von der Mutterschaft als Fessel der Frau, und es war die Einführung der Pille in den 1970er Jahren, die die Frau von dieser Fessel befreite. Bis in die 1970er Jahre waren die meisten Frauen weitgehend von ihrem Ehemann abhängig, spätestens wenn sie das zweite oder dritte Kind erwarteten, denn eine Scheidung hätte sie wirtschaftlich an den Rand des Ruins getrieben und sozial stigmatisiert. Heute können die Frauen selbst bestimmen, ob sie Kinder haben wollen oder nicht. Gleichzeitig haben sie ihren traditionellen Bildungsrückstand gegenüber den Männern wettgemacht und die Männer bereits teilweise überholt, was auch in einem verbesserten Selbstbewusstsein zum Ausdruck kommt. 70 Prozent der 16- bis 29-Jährigen schätzen Frauen als genauso selbstbewusst ein wie Männer, bei den über 60-Jährigen sind es lediglich 29 Prozent (Allensbach 2006). Die Emanzipation nicht nur einiger weniger Frauen, sondern des ganzen weiblichen Geschlechts ist ein weiteres, in der Menschheitsgeschichte wohl einmaliges Phänomen.

Der Mythos, dass nur die Mutter für die gesunde Persönlichkeitsentwicklung ihrer Kinder sorgen könne, ist erst nach dem Zweiten Weltkrieg entstanden und wurde vor allem von Männern gefördert. In den Jahrhunderten zuvor ist die Mutter in der Kinderbetreuung immer unterstützt worden, sie hätte es unter den oft sehr schwierigen Lebensbedingungen gar nicht geschafft, mehrere Kinder allein großzuziehen. Sie musste zudem auf vielfältigste Weise zum Überleben der Familie beitragen. Das historische Modell ist die arbeitende Mutter, die historische Ausnahme die Reduktion auf die fürsorgliche Alleinbetreuerin. Der gesellschaftliche Anspruch, dass Eltern für die alleinige Betreuung ihrer Kinder zuständig sind, konnte in den letzten Jahren immer weniger eingelöst werden, weil sich immer mehr Mütter beruflich engagieren. Die emanzipierte und gut ausgebildete Frau steht heute vor Fragen, die sich nie zuvor für sie gestellt haben: Soll sie eine berufliche Karriere verfolgen? Will sie eine Familie gründen? Oder versucht sie beides miteinander zu vereinbaren? So oder so hat das Kind einen enormen Stellenwert. Bleibt die Mutter zu Hause, ist ihr Selbstwert an das Kind gebunden. Geht sie arbeiten, müht sie sich ab, Kind und Karriere unter einen Hut zu bringen. Für geschiedene oder alleinerziehende Mütter, die aus finanziellen Gründen arbeiten müssen, wird die Kinderbetreuung erst recht zu einer großen Belastung. Außerdem geht längst nicht jede Frau so wunschlos glücklich in der ausschließlichen Mutterrolle auf, wie es der männliche Mythos so gerne verbreitet. Eine Züricher Studie hat gezeigt, dass manche Mütter unglücklich, ja depressiv werden, wenn sie mit ihrem Kleinkind allein zu Hause, sozial isoliert sind (Huwiler 2001). Das bedeutet wiederum freilich nicht, alle Frauen seien nur dann glücklich, wenn sie sich beruflich engagieren.

In Deutschland hat seit kurzem ein Umdenken in der Kinderbetreuung stattgefunden, das sich bereits in der Gesetzgebung wiederfindet: Ab 2013 hat jedes Kind einen rechtlichen Anspruch auf einen Kita-Platz. Was noch aussteht, ist eine außerfamiliäre Kinderbetreuung von guter Qualität und ein ausreichendes Angebot.

Wie ergeht es dem Mann in diesem Wandel? Er ist nicht mehr der exklusive Ernährer der Familie, denn mittlerweile ist mindestens die Hälfte der Frauen ebenfalls berufstätig. Der Anteil der Frauen, die mehr als 60 Prozent des Familieneinkommens erwirtschaften, betrug 2006 in Westdeutschland 11 Prozent und in Ostdeutschland 16 Prozent (Bundesministerium für Familie, Senioren, Frauen und Jugend 2010). Der Mann, das Familienoberhaupt vergangener Zeiten, muss sich als Ehepartner und Vater weitgehend neu erfinden. 70 Prozent der Scheidungen werden heutzutage von Frauen angestrengt. Die Männer würden ihrer Rolle als Partner und vor allem als Vater nicht nachkommen, so einer der am häufigsten genannten Gründe für die Scheidung. Mütter erwarten, dass sich die Väter in der Betreuung und Erziehung ihrer Kinder stärker engagieren. Keine leichte Aufgabe für die berufstätigen Väter, da die Arbeitgeber nach wie vor nur wenig Verständnis für die Bedürfnisse der Familie aufbringen und den Eltern kaum mit flexibleren Arbeitsbedingungen entgegenkommen. Dass sich diese gesellschaftlichen und partnerschaftlichen Veränderungen vielfältig auf die Erziehung auswirken, ist augenscheinlich.

Politiker kämpfen seit 30 Jahren mit einem weiteren, scheinbar unlösbaren demografischen Problem: Es werden zu wenig Kinder geboren. Gegenwärtig kommen in Deutschland jedes Jahr knapp 700 000 Kinder zur Welt. Um die Bevölkerung stabil zu halten, müssten aber 350 000 Kinder zusätzlich geboren werden. Sozialpolitiker sorgen sich um die Altersrenten, die für künftige Generationen immer weniger gesichert sind. Um den Bevölkerungsschwund zu kompensieren, müssen die fehlenden Arbeitskräfte durch Einwanderung wettgemacht werden. Die Folgen sind wiederum soziale Probleme bei der gesellschaftlichen Integration. Und die sprachliche, kulturelle und soziale Heterogenität unter Schulkindern ist eine der großen Herausforderungen für das Schulsystem.

Hier lohnt sich ein Blick auf die skandinavischen Länder, die seit Jahren eine ausgeglichene Bevölkerungsbilanz aufweisen: Wenn Eltern in der Kinderbetreuung, Bildung und Erziehung ausreichend von der Gesellschaft unterstützt werden, bekommen sie auch mehr Kinder. Wenn Familie und Kinder für die jungen Menschen jedoch vor allem Last und Frust bedeuten, planen sie nur wenig Nachwuchs oder verzichten gar ganz darauf. Die Politik muss sich endlich zu der Einsicht durchringen, dass es erst dann wieder mehr Kinder geben wird, wenn es auch Freude macht, sie großzuziehen.

Was Generationen heute trennt

Unter Kultur wird im weitesten Sinn der Inbegriff von Wissen und Fähigkeiten verstanden, die sich der Mensch im Laufe seines Lebens als Teil der Gesellschaft aneignet. Dazu gehören Sprache, Moral, Recht und Sitte, Religion, Wirtschaft und Wissenschaft sowie alle Formen des künstlerischen Ausdrucks. Kultur trägt auf vielfältigste Weise, vor allem mit Gebräuchen, Ritualen und Werten, zum Zusammengehörigkeitsgefühl und zur Identitätsbildung einer Gesellschaft bei.

Damit die Kultur erhalten bleibt, muss sie von Generation zu Generation tradiert werden. Ursprünglich geschah dieser Generationentransfer als orale Tradition und durch Imitationslernen, dann mit Hilfe der Schriftsprache und heute zunehmend durch die elektronischen Medien mit Text und Bild. Tomasello (2002) beschreibt den Anreicherungsprozess von Wissen und Fertigkeiten als »Wagenhebereffekt«: Mit jeder Generation wird der Umfang des Kulturgutes angehoben. Eine erste starke Zunahme von Wissen und Fertigkeiten hat vor etwa 300 Jahren eingesetzt; in den letzten Jahrzehnten hat dieser Zuwachs ein exponentielles Ausmaß angenommen. Der exzessive Umfang des Kulturgutes ist für das Individuum längst nicht mehr zu überschauen. Suchmaschinen im Internet wie Google sind eine große Hilfe, um sich in den Datenmassen einigermaßen zurechtzufinden, sie lassen uns aber auch deren unfassbare Dimensionen bewusst werden. Das Bildungssystem hat die überaus anspruchsvolle Aufgabe auszusortieren, welches Wissen und welche Fertigkeiten den jungen Generationen vermittelt werden sollen.

Kulturelles Gut wurde in der Vergangenheit hauptsächlich lokal in den jeweiligen Lebensgemeinschaften, man denke etwa an die zahllosen Vereine, tradiert. Heute hingegen nehmen Musik, Theater, Film, Literatur und sehr viele Konsumprodukte immer globalere Züge an. Kaum ein Jugendlicher, der den amerikanischen Kinobestseller »Avatar« verpasst hätte oder nicht mit japanischen Videogames spielt. Die älteren Generationen befürchten zu Recht, dass wunderbare Texte wie Johann Peter Hebels »Kannitverstan« oder Rilkes »Panther« immer mehr in Vergessenheit geraten. In der Schule liest die junge Generation Goethes »Faust« oder Schillers »Räuber« nur mehr als Pflichtlektüre, wirklich interessieren sie aber die dicken Wälzer von »Harry Potter«. Sie hört Musik von der Kolumbianerin Shakira und kann mit Beethoven – der für viele Ältere noch zum Standardprogramm gehörte – wenig anfangen. Die Beziehungen der jungen Generation reichen nicht mehr nur von Tür zu Tür, vielmehr umspannen sie virtuell die Welt. Jugendliche in Deutschland verbringen eine Stunde pro Tag in sozialen Netzwerken wie Facebook oder Twitter; die meisten Eltern haben keinerlei Kontrolle über die virtuellen Ausflüge ihrer Kinder rund um den Erdball.

Eckpfeiler der Bildung waren seit jeher Geschichte und Religion. Die Verankerung eines Geschichtsbewusstseins in der heranwachsenden Generation trug zum Zusammenhalt und zur Identitätsbildung einer Volksgemeinschaft bei. Kinder sollten wissen, woher sie kommen, wer ihre Vorfahren waren, was diese geleistet und wofür sie gekämpft haben. In Deutschland und Österreich haben die schrecklichen Erfahrungen in der ersten Hälfte des 20. Jahrhunderts ein positives

Geschichtsbild und eine Identitätsbildung erheblich beeinträchtigt. Mit der Einbindung in die EU und der Schaffung von Weltorganisationen wie UNO und Internationaler Gerichtshof wird der Nationalstaat als Entität immer blasser, was kein Anlass für Bedauern ist; er vermag jedoch den gesellschaftlichen Zusammenhalt immer weniger zu gewährleisten. Wie geht die Bildung damit um? Wie werden künftige Generationen auf grenzüberschreitende, kulturell und wirtschaftlich vielfältige Lebensgemeinschaften vorbereitet?

Die christliche Religion, jahrhundertelang eine wichtige kulturelle Klammer, hat ebenfalls stark an Bedeutung verloren. Als Ersatz halten Religionen aus allen Weltgegenden und esoterische Lehren Einzug in die Gesellschaft. So studieren nicht wenige junge Menschen ernsthaft den Zen-Buddhismus, andere verstehen sich als Agnostiker, und wieder andere suchen in Freikirchen oder irgendwelchen quasireligiösen Internetforen nach dem Sinn des Lebens. Wie schwer sich Gesellschaft und Schule mit Sinnfragen tun, zeigen die aktuellen Diskussionen über den Islam. Wie geht die Schule mit der Religion zukünftig um, insbesondere mit den ethischen Werten, die bisher durch die Religion vermittelt worden sind?

Es existiert eine Kluft zwischen den Generationen. Gelegentlich bekommt man den Eindruck, Eltern und Lehrer gehörten einer anderen Zeit an als die Kinder – was das Erziehen und Unterrichten kompliziert und anspruchsvoll gestaltet. Eine Kontinuität der Traditionen lässt sich beim besten Willen kaum mehr aufrechterhalten. Während sich die jungen Menschen scheinbar mühelos laufend Neues aneignen, erleben die älteren eine enorme Entwertung ihrer eigenen Lebenserfahrung. In der Vergangenheit verfügte der ältere Mensch auf Grund seiner jahrzehntelangen Erfahrungen über eine natürliche Autorität und wurde als Ratgeber geschätzt. Nun hat der technische Fortschritt, vor allem im IT-Bereich, sowie die Globalisierung und allgemeine Verfügbarkeit von Informationen diese Hierarchie zumindest nachhaltig erschüttert, wenn nicht umgedreht.

Mit diesen kulturellen und technologischen Umwälzungen haben Kinder und Jugendliche kein Problem, umso mehr aber die Erwachsenen. Deren Wertvorstellungen werden in Frage gestellt, ihr Wissensmonopol erweist sich als brüchig, und ihre Kompetenzen altern im Schnellzugtempo. Es ist wohl ebenfalls erstmalig in der Menschheitsgeschichte, dass die junge Generation in wichtigen Bereichen kompetenter ist als die ältere. Die kulturellen Verwerfungen stellen soziale Hierarchien in Frage und bringen sie sogar zum Einsturz, was die älteren Menschen verständlicherweise sehr verunsichert. Es führt kein Weg an der Einsicht vorbei: Die noch immer begrenzte Medienkompetenz vieler Eltern und Lehrer darf kein Tabuthema mehr sein, weil es die Beziehung zwischen Kindern und Erwachsenen beeinträchtigt. Eltern und Lehrer sollten bereit sein dazuzulernen.

Dem Bildungssystem fällt das Loslassen von Altlasten außerordentlich schwer. Ein wesentlicher Teil der schulischen Überforderung, unter der Kinder, Eltern und Lehrer leiden, entsteht dadurch, dass immer mehr von den Kindern verlangt, im Gegenzug aber nichts weggelassen wird. Zusätzlich drängen neue Themen in die Schule, die die Jugendlichen wirklich bewegen, mit denen sich die Schule aber schwertut. Dazu gehören ethische Fragestellungen, wie beispielsweise: Warum sind Reichtum und Armut in der Welt so ungerecht verteilt? Oder Jugendliche wollen sich mit ökologischen Problemen wie Klimawandel, CO_2-Verbrauch und Atomenergie und anderen globalen Themen, die ihre Zukunft mitbestimmen werden, auseinandersetzen. Wenn das Bildungssystem weiterhin versucht, an Althergebrachtem festzuhalten und sich dem Neuen zu verweigern, dann wird es in Abwandlung von Gorbatschows Diktum schmerzhaft lernen müssen: Wer sich dem Fortschritt nicht stellt, der bestraft seine Kinder. Dann findet der Fortschritt zunehmend außerhalb von Familie und Schule statt. Damit soll in keiner Weise einer undifferenzierten Fortschrittseuphorie gehuldigt werden, aber das Bildungssystem muss, wenn es das wertvolle kulturelle Erbe in die nächsten Generationen retten will, kritisch seine eigene Haltung hinterfragen, offen für Veränderungen sein und Altlasten zügig abtragen.

Warum die Wirtschaft Angst macht

Unsere Wirtschaft hat im Verlauf des 20. Jahrhunderts einen tief greifenden Strukturwandel durchgemacht, der sich auch in unserer Zeit fortsetzt. Der Anteil der Beschäftigten in der Landwirtschaft sank von fast 60 auf unter fünf Prozent. Der industrielle Sektor verblieb bis in die 1970er Jahre bei rund 50 Prozent und ist seither unter 30 Prozent gesunken. Im gleichen Zeitraum stieg der Dienstleistungssektor auf rund

70 Prozent. Deutschland, Österreich und die Schweiz sind somit moderne Dienstleistungs- und Wissensgesellschaften geworden (siehe Grafik 1).

Die immer weniger lokal verankerte Wirtschaft nimmt zunehmend globalen Charakter an. So kann es nicht erstaunen, dass diffuse Globalisierungsängste weite Kreise der Bevölkerung erfasst haben. Spätestens seit der jüngsten Finanzkrise macht sich die Befürchtung breit: Möglicherweise haben wir den Gipfel des Wohlstands erreicht, nachdem es seit dem Ende des Zweiten Weltkriegs wirtschaftlich beinahe ständig aufwärtsgegangen ist. Von nun an könnte es wieder abwärtsgehen. Und eine Mehrheit der Bevölkerung befürchtet auch, dass die sozialen Unterschiede immer größer und die soziale Isolation noch ausgeprägter werden und zugleich die Sicherheit und Kalkulierbarkeit der eigenen Biografie abnehmen wird (Allensbach 2006). Vor 20 Jahren wähnte man sich noch in der Gewissheit, mit einer soliden Ausbildung und gutem Arbeitseinsatz werde einem die internationale Konkurrenz auf dem Arbeitsmarkt nichts anhaben können. Lange Zeit fühlte man sich mit einem Abitur und erst recht mit einem Hochschulstudium auf der sicheren Seite des Lebens – und zwar für immer. Mit dieser Sicherheit ist es vorbei. Arbeitslosigkeit nimmt nicht nur unter Nichtakademikern, sondern auch bei Akademikern zu. Arbeitsplätze von Software-Ingenieuren werden in aufstrebende Länder wie Indien ausgelagert und günstige, gut ausgebildete Informatiker aus dem Ausland eingeflogen. Andererseits machen Informatikfreaks Karriere ohne irgendeinen Abschluss – einfach weil sie gut sind und der Markt ihre Kompetenz honoriert. Zwar sind ein

Kollektives Arbeiten am Fließband

Abitur und ein Hochschuldiplom immer noch dienlich, aber eine Garantie auf einen guten Job bieten sie immer weniger. Man kann sich auch nicht mehr mit 25 Jahren in einem Beruf für den Rest des Lebens etablieren, sondern muss sich unter Umständen – so verlangt es die Wirtschaft – selbst im Alter von 40 oder 50 Jahren beruflich neu orientieren. Auch der gern zitierte Begriff des lebenslangen Lernens weckt in den meisten Menschen vermutlich mehr Angst als Interesse. Ganz offensichtlich geben Eltern diesen auf ihnen lastenden existenziellen Druck an ihre Kinder weiter.

Für das Bildungssystem stellt sich die dringende Frage, wie es sich auf diesen wirtschaftlichen Wandel einstellen soll. Die Betriebe beklagen, dass immer mehr Jugendliche nicht über die notwendigen schulischen Voraussetzungen verfügen. Mit

Arbeiten im Team

der technologischen Entwicklung der letzten 20 Jahre sind die Anforderungen deutlich gestiegen, welche die Wirtschaft an Berufseinsteiger stellt. Schule und Wirtschaft müssen gemeinsam Mittel und Wege finden, damit möglichst alle Jugendlichen in die Arbeitswelt integriert werden können. Ein Beispiel: Wenn Kinder in der Grundschule lernen, von Hand zu schreiben, ist dagegen nichts einzuwenden. Spätestens beim Schulabgang müssen jedoch alle Schüler bestens mit dem Zehnfingersystem vertraut sein, denn niemand schreibt in der Wirtschaft noch von Hand. PowerPoint-Präsentationen zu erstellen und souverän vorzuführen muss genauso zur Ausrüstung der Schulabsolventen gehören wie die Beherrschung der gängigen PC-Programme oder das Recherchieren im Internet.

Die größte Schwachstelle in einer zukunftsorientierten Bildungsstrategie sind nicht die Kinder, sondern die Erwachsenen mit ihren beschränkten Kompetenzen. Lehrer, die auf die Bedeutung der Handschrift pochen, weil sie die Bedienung des Computers nicht beherrschen und diese auch nicht lernen wollen, schaden den Kindern. Es kann deshalb nicht oft genug wiederholt werden: Eltern und Lehrer müssen sich weiterbilden, wenn sie nicht zum Hemmschuh für die Entwicklung der Kinder werden wollen.

Warum das Kind im Mittelpunkt stehen muss

Die Konsequenzen, die sich aus den gesellschaftlichen, kulturellen und wirtschaftlichen Umwälzungen ergeben, zu akzeptieren und sie im Bildungswesen wirksam umzusetzen stellt uns vor eine sehr anspruchsvolle Aufgabe. Und niemand kann voraussehen, in was für einer Welt die Kinder von heute in 20 Jahren leben werden. Die Bedeutung, welche die Informationstechnologie derzeit in Gesellschaft und Wirtschaft einnimmt, war selbst vor zehn Jahren erst in vagen Umrissen erkennbar. Wir sollten uns daher vor überstürzten Reformen, die sich an einer hypothetischen wirtschaftlichen und technologischen Entwicklung ausrichten, hüten.

Im Gemenge der Veränderungen und deren Auswirkungen auf Eltern, Lehrer und Politik lauert eine große Gefahr: Das Kind wird vergessen. Jedes Kind sollte jedoch sein Entwicklungspotenzial in Familie und Schule so weit wie möglich realisieren können. Darauf müssen wir unser Augenmerk richten. Wir brauchen Reformen, die sich am Kind und seiner Entwicklung orientieren. Solche Reformen können nie falsch sein.

Dieses Buch will einen Beitrag zur aktuellen Bildungsdebatte leisten, indem es das Kind in den Mittelpunkt der Diskussion stellt. Bildung und Erziehung sollen vom Kind her gedacht werden.

Teil I befasst sich mit den Gesetzmäßigkeiten der kindlichen Entwicklung sowie den individuellen Eigenheiten und Bedürfnissen von Kindern.

Teil II beschäftigt sich mit der Frage, wie eine kindorientierte Schule konkret aussehen und verwirklicht werden kann. Einen solchen Ansatz in Bildung und Erziehung in unserer Gesellschaft umzusetzen ist kein einfaches Unterfangen. Widerstand ist hier nicht von den Kindern, aber von den Erwachsenen zu erwarten. Denn für sie würde das beispielsweise bedeuten, sich weniger um eine verstärkte Disziplinierung ihrer Kinder als vielmehr um verbesserte Beziehungen zu ihnen zu bemühen. Dafür aber müssen sie mehr Zeit und Energie für ihre Kinder aufwenden. Von den Lehrern verlangt ein kindorientierter Ansatz, den Unterricht so umzugestalten, dass die Schüler aktiv und selbstbestimmt lernen können. Das wiederum erfordert Gesamtschulen mit individualisiertem Unterricht anstelle von Selektion und gegliederter Schule. Eine solche Umstrukturierung der Schule verlangt den Eltern, Lehrern und Bildungspolitikern sehr viel ab. Die Erwachsenen sollten nicht ihre eigenen Interessen über diejenigen der Kinder stellen. Sonst verbauen sie ihnen die Zukunft.

Die Kinder leben im 21. Jahrhundert, Eltern und Lehrer sind aus dem 20. Jahrhundert, und das Bildungssystem stammt aus dem 19. Jahrhundert (Schleicher 2010). Eine zeitgemäße und kindorientierte Schule stellt für unser Bildungssystem nicht nur eine pädagogische, sondern auch eine gesellschaftliche Herausforderung dar. Wir haben jedoch keine Wahl: Nur eine Pädagogik, die das individuelle Potenzial jedes Kindes möglichst gut auszuschöpfen vermag, verhilft den Kindern dazu, jene eigenständigen, kreativen und lernbereiten Individuen zu werden, die sich in dieser zunehmend vielseitigen, dynamischen und anforderungsreichen Gesellschaft der Zukunft erfolgreich behaupten können. Eine solche Pädagogik ist keine Utopie. Sie wird bereits in vielen privaten, aber auch öffentlichen Schulen umgesetzt. Das sollte uns Mut machen.

TEIL I

Charakteristiken der kindlichen Entwicklung

Das Kind als soziales Wesen

»*Es war einmal ein steinalter Mann, dem waren die Augen trüb geworden, die Ohren taub, und die Knie zitterten ihm. Wenn er nun bei Tische saß und den Löffel kaum halten konnte, schüttete er Suppe auf das Tischtuch, und es floss ihm auch etwas wieder aus dem Mund. Sein Sohn und dessen Frau ekelten sich davor, und deswegen musste sich der Großvater schließlich hinter den Ofen in die Ecke setzen, und sie gaben ihm sein Essen in ein irdenes Schüsselchen, da sah er betrübt nach dem Tisch, und die Augen wurden ihm nass. Einmal auch konnten seine zittrigen Hände das Schüsselchen nicht festhalten, es fiel zur Erde und zerbrach. Die junge Frau schalt, er aber sagte nichts und seufzte nur. Da kauften sie ihm ein hölzernes Schüsselchen für ein paar Heller, daraus musste er nun essen.*

Wie die Eltern am Tisch so sitzen, trägt der Enkel auf der Erde kleine Brettlein zusammen. ›Was machst du da?‹, fragte der Vater. ›Ich mache ein Tröglein‹, antwortete das Kind, ›daraus sollen Vater und Mutter essen, wenn ich groß bin.‹ Da sahen sich Mann und Frau eine Weile an, fingen schließlich an zu weinen, holten alsofort den alten Großvater an den Tisch und ließen ihn von nun an immer mitessen, sagten auch nichts, wenn er ein wenig verschüttete.« (»Der alte Großvater und der Enkel« der Gebrüder Grimm; Rölleke 1999)

Das Märchen macht auf wunderbare Weise deutlich: Kinder werden durch Vorbilder erzogen. Vorbilder sind aber in der aktuellen Erziehungsdebatte kaum ein Thema. Viele Erwachsene, so scheint es, reden weit lieber über die mangelnde Disziplin und Moral bei Kindern und Jugendlichen. Das vorliegende Kapitel soll uns zuerst Klarheit darüber verschaffen, was unser Sozialverhalten – Lernen an Vorbildern ist eine wichtige Komponente davon – eigentlich ausmacht. Vor diesem Hintergrund wenden wir uns dann der Bedeutung von Disziplin und Gehorsam sowie von Sozialisierung und Moralentwicklung in der Erziehung zu.

Was Kinder beziehungsfähig macht

Menschen sind zutiefst soziale Wesen. Sie verfügen über ein äußerst differenziertes Sozialverhalten und komplexe Wertvorstellungen. Ihr Wohlbefinden hängt in einem hohen Maß von der Qualität der Beziehungen ab, die sie untereinander pflegen. Mehr noch: Menschen können nur für eine beschränkte Zeit allein leben; sie sind auf die Gemeinschaft angewiesen, um zu überleben.

Eine Grundvoraussetzung für die Entwicklung der Menschheit ist eine ausgeprägte und lang anhaltende Bindung zwischen Kind und Eltern sowie anderen Bezugspersonen. Denn:

- Kinder sind 15 und mehr Jahre auf die Fürsorge der Eltern und anderer Bezugspersonen angewiesen. Ohne diese Für-

sorge würden sie nicht überleben. Kinder wollen ernährt, umsorgt und beschützt sein.
- Um sich das komplexe Sozialverhalten unserer Gesellschaft anzueignen, brauchen Kinder über viele Jahre hinweg Eltern und weitere Bezugspersonen, Geschwister und andere Kinder als Vorbilder.
- Um kulturelle Bräuche und Wissen von Generation zu Generation weiterzugeben sowie Kulturtechniken wie Schreiben und Lesen zu erlernen, sind Kinder auf engagierte Lehrmeister angewiesen, die mit ihnen dauerhafte Beziehungen eingehen.

Dieser Sozialisierungs- und Bildungsprozess kann nur gelingen, wenn tragfähige Bindungen zwischen dem Kind und den Eltern, aber auch zu anderen vertrauten Erwachsenen und Kindern bestehen.

Der Kern des kindlichen Bindungsverhaltens ist das Bedürfnis nach Geborgenheit und Nähe. Das Kind kann nicht allein sein. Damit es ihm gut geht, braucht es die Nähe und Zuwendung vertrauter Personen. Dieses Bedürfnis ist Ausdruck des sogenannten Bindungsverhaltens, das wir mit allen höherentwickelten Tieren gemeinsam haben. Bei Säugetieren und Vögeln wird die Bindung des Jungen an die Mutter sowie der Mutter an das Junge über unterschiedliche hormonelle und neuropsychologische Mechanismen hergestellt. Die Prägung des Jungtiers vollzieht sich innerhalb einer festgelegten sensiblen Zeitspanne. Solche Mechanismen spielen beim Menschen nur eine untergeordnete Rolle. Die Bindung zwischen dem Kind und den Eltern wie auch weiteren Bezugspersonen entsteht hauptsächlich durch gemeinsame Erfahrungen. In den ersten Lebensmonaten und -jahren bindet sich das Kind an diejenigen Personen, die sich um es kümmern und ihm so vertraut werden. (Grafik 2: Entwicklung des Bindungsverhaltens) Bei diesen sogenannten Bezugspersonen sucht das Kind Nähe, Zuwendung und Schutz. Im Laufe des ersten Lebensjahres entsteht eine körperliche und emotionale Abhängigkeit, die das Kind mit charakteristischen Verhaltensweisen wie Suche nach Nähe, Trennungsangst und Fremdeln zum Ausdruck bringt. Im Kleinkindalter beginnt das Kind, sich auch an Bezugspersonen außerhalb der Familie zu binden, beispielsweise an Großeltern oder Nachbarn, im Schulalter an Lehrer. Enge Bindungen entstehen auch zwischen Geschwistern und ab dem frühen Schulalter zu anderen Kindern in Form von Freundschaften. Die Bindungsbereitschaft ist in den ersten Lebensjahren hoch, um danach langsam abzunehmen.

Die Qualität der Eltern-Kind-Beziehung ist von ausschlaggebender Bedeutung für das Wohlbefinden des Kindes. Wenn Eltern mit ihrem Kind fürsorglich und empfindsam umgehen, fühlt sich das Kind angenommen und geborgen. Dies gilt in einem geringeren Maß auch für die Bindung, die das Kind mit einer Lehrerin eingeht. Die Bereitschaft des Kindes, sich emotional auf sie auszurichten, ist groß. Jedes Kind erwartet, dass es von der Lehrerin vorbehaltlos angenommen wird, von ihr lernen kann und Hilfe erhält. Werden seine Erwartungen erfüllt, fühlt es sich aufgehoben und kann seine ganze Lernmotivation entfalten. Entscheidend für das Kind ist sein Gefühl: Die Lehrerin mag mich so, wie ich bin. Dieses Gefühl darf durch die Leistung und das Verhalten des Kindes nie beein-

trächtigt werden. Was nicht heißt, dass die Lehrerin Leistung und Verhalten nicht kritisch hinterfragen darf, aber das Kind sollte als Person durch die Kritik nie grundsätzlich in Frage gestellt werden.

In der Pubertät kommt es zu einer tief greifenden Veränderung: Die Bindung des Kindes an seine bisherigen Bezugspersonen, im Besonderen aber an seine Eltern, löst sich weitgehend auf. Die Eltern haben ihre Aufgabe erfüllt, ihr Kind ist erwachsen geworden. Die Bindung schwächt sich so weit ab, dass der junge Erwachsene die Familie und das vertraute Umfeld verlassen kann. Den Verlust der emotionalen Sicherheit erlebt der Jugendliche jedoch als eine Verunsicherung, die es ihm schwer machen kann, die zahlreichen Entwicklungsaufgaben, die in der Adoleszenz anstehen, zu bewältigen: mit der Sexualität umgehen, die eigene Identität finden, sich in Schule und Beruf behaupten und eine Stellung in der Gesellschaft einnehmen. Es ist mehr als verständlich, dass diese Anforderungen von manchen Jugendlichen nur schwer erfüllt werden können.

Der Jugendliche wird mit der Ablösung von den Eltern emotional nicht unabhängig. Die Geborgenheit, die er in der Kindheit bei den Eltern und anderen Bezugspersonen erhalten hat, erwartet er nun von den Peers. Seine Freunde und Freundinnen sollen ihm den emotionalen Rückhalt geben, wozu diese aus begreiflichen Gründen nur in sehr begrenzter Weise fähig sind, stecken sie selbst doch in den gleichen Schwierigkeiten. Der Jugendliche möchte die Geborgenheit der Kindheit bei ihnen wiederfinden und muss schmerzlich erfahren, dass es Geborgenheit in dieser Form nicht mehr gibt. Beziehungsnöte und emotionale Verunsicherung sind daher die Kernprobleme vieler Jugendlicher, die sie oft viel stärker umtreiben als das Streben nach Schulleistung oder beruflichem Erfolg. Den – aus Sicht der Erwachsenen – oft unverständlichen Stimmungsschwankungen der Jugendlichen liegen sehr oft Beziehungskonflikte mit ihren Peers zu Grunde. Um zu den Peers zu gehören, nimmt der Jugendliche auch Konflikte mit den Eltern in Kauf. Nicht mehr die Familie, sondern die Clique ist für die meisten Jugendlichen das emotionale Zuhause. In der Clique werden die Jugendlichen aufs Engste miteinander vertraut. Beziehungskonstellationen mit zunehmender Nähe zum anderen Geschlecht führen schließlich zur Partnerschaft, die – wie früher die Familie – emotionale Sicherheit vermitteln soll. Die Eltern sind für den Jugendlichen die Familie der Kindheit und der Vergangenheit, die Gleichaltrigen stehen für den Eintritt in die eigene Familie und die Zukunft.

Beziehung und Bindung entstehen aus dem zwischenmenschlichen Austausch. Dieser Austausch wird in den ersten Lebensjahren fast ausschließlich durch die sogenannte nonverbale Kommunikation (Körpersprache) gewährleistet (Eibel-Eiblsfeldt 1974). Erst mit dem Eintritt ins Kleinkindalter gewinnt die gesprochene Sprache langsam an Bedeutung. Die Körpersprache bleibt jedoch während der ganzen Kindheit und selbst im Erwachsenenalter von Bedeutung. Zwischenmenschliche Beziehungen werden weniger mit Worten als mit den Mitteln der nonverbalen Kommunikation hergestellt. Die Körpersprache entstand bereits zu einem sehr frühen Zeitpunkt der Evolution, als sich Tierarten entwickelten, die auf ein Zusammenleben in Gruppen angewiesen waren. Sie ist erheblich älter und für unser Sozialverhalten weit bedeutsamer als die gesprochene Sprache.

Die nonverbale Kommunikation besteht aus einem sehr differenzierten Verhalten, das aus zahlreichen Merkmalen wie Mimik und Körperhaltung besteht. Wenn wir großen Tatendrang verspüren, ist unser Körper voller Spannung. Sind wir müde, lassen wir unsere Schultern hängen. Mit der Körperhaltung drücken wir – meist unbewusst – unser emotionales Befinden aus und wie wir anderen Menschen gegenüber gestimmt sind. Haben wir an einer Person Interesse, so wenden wir uns ihr nicht nur gefühlsmäßig zu, sondern vermitteln dies auch durch unsere Körperhaltung. Sind wir ihr besonders zugetan, nehmen wir – um unsere Zuneigung kundzutun – ihre Körperhaltung ein. Wir schlagen beispielsweise die Beine in der gleichen Art und Weise übereinander wie der Gesprächspartner. Wie die Körperhaltung spiegeln auch kleine und große Bewegungen unsere Befindlichkeit wider. Unsere Ungeduld drücken wir aus, indem wir auf dem Stuhl herumrutschen, mit den Füßen wippen oder an unserer Kleidung nesteln. Die ganze Palette unserer Gefühle, wie Freude, Trauer, Misstrauen, Erstaunen und Furcht, bringen wir mit der Mimik zum Ausdruck. Der Mund, die Gesichtsfalten, die Nase, die Augen und Augenbrauen, die Stirn und auch die Kopfhaltung dienen uns als Ausdrucksmittel. Jeder Gesichtspartie kommt dabei eine spezifische Bedeutung zu. Sind wir bekümmert, hängen die Augenbrauen tief. Sind wir erstaunt, ziehen wir sie hoch. Die Augenlider schließen wir bei Ablehnung schlitzförmig und reißen sie bei Angst weit auf. Berührt uns etwas unangenehm, rümpfen wir die Nase. Sind wir erstaunt, ist unser Mund weit offen. Wenn wir zweifeln, ist der Mund verkniffen, freuen wir uns, sind die Mundwinkel hochgezogen. Wir setzen unsere Blicke sehr gezielt ein. Schauen wir einem Menschen einen Lidschlag zu lang oder zu kurz in die Augen, haben wir ihm Unterschiedliches mitgeteilt. Wenn wir, anstatt einen Gesprächspartner anzusehen, auf den Boden starren, können unsere Worte noch so überzeugend sein, der Partner spürt, dass wir an seiner Person kein Interesse haben oder dass das Interesse so groß ist, dass wir nicht wagen, ihn anzusehen. Die menschliche Stimme kann warm und weich, schneidend kalt, schmeichelnd oder verletzend sein. Wenn wir reden, ist für unser Gegenüber oft weniger der Inhalt der Mitteilung von Bedeutung als vielmehr die Art und Weise, wie wir sprechen. Ein professioneller Politiker überzeugt die Massen durch seine mitreißende Art, selbst wenn sich seine Rede beim Lesen als völlig inhaltsleer herausstellt. Decken sich der Inhalt des Gesagten und der Ausdruck der Stimme nicht, erscheint uns zumeist die Art und Weise des Sprechens glaubwürdiger als der Inhalt. Nicht zuletzt kennzeichnet uns Menschen ein ausgeprägtes Distanzverhalten. Jeden Menschen umgibt eine unsichtbare, aber wohl definierte Sicherheitszone. Dringt eine fremde Person in diese Zone ein, löst dies ein Abwehrverhalten oder eine Fluchtbewegung aus. Wir alle passen unsere Distanz intuitiv an die jeweilige Situation an. Der Verkäuferin, dem Busfahrer, dem Vorgesetzten, dem lieben Verwandten, dem verhassten Bekannten – jedem Menschen begegnen wir mit einer an Person und Situation angepassten Distanz.

Das Kind wird mit den grundlegenden Fähigkeiten zur nonverbalen Kommunikation geboren. Wie es soziale Signale in zwischenmenschlichen Beziehungen jedoch einsetzen soll, muss das Kind von seinen Vorbildern, den Eltern, Bezugspersonen und anderen Kindern lernen. Welche Bedeutung beispielsweise bei der Begrüßung das Blickverhalten bezüglich Art und Dauer hat, ist nicht genetisch festgelegt, sondern schaut sich das Kind von seiner sozialen Umgebung ab. In Mitteleuropa gilt es als unhöflich, eine Person zu begrüßen, ohne ihr in die Augen zu schauen. In fernöstlichen Kulturen verhält es sich genau umgekehrt. Jede Kultur schreibt den sozialen Signalen ihre eigene Bedeutung und Verwendung zu. Um die vielfältige kulturspezifische Bedeutung der nonverbalen Kommunikation zu erlernen, ist das Kind auf ausgedehnte zwischenmenschliche Erfahrungen angewiesen.

Menschen sind fähig, die eigenen Gefühle und Gedanken in einem begrenzten Ausmaß bewusst wahrzunehmen und zu reflektieren. Wir können darüber nachdenken, wie wir uns in einer bestimmten Lebenssituation gefühlt haben, und uns vornehmen, wie wir uns künftig verhalten wollen. Wir sind auch fähig, uns in andere Menschen hineinzuversetzen, um ihre Gefühle, Gedanken, Motivationen und somit auch ihr Verhalten in einem gewissen Umfang nachzuvollziehen. Wir können oft sogar voraussehen, wie sich Menschen in bestimmten Situationen verhalten werden. Das Kind benötigt wiederum viele Jahre der Entwicklung und sozialer Erfahrungen, um diese Fähigkeit der sogenannten Intro- und Extrospektion auszubilden.

Menschen sind schließlich Meister der Nachahmung, durch die sie das Verhalten anderer verinnerlichen können (soziales Lernen). Bereits der Säugling hat ein starkes Bedürfnis nachzuahmen. Er imitiert einfache mimische Ausdrucksweisen und Laute. Über die Nachahmung erschließen sich dem Kind während des ersten Lebensjahres die Ausdrucksformen der menschlichen Kommunikation wie Mimik und Gestik. Auch verschiedene Aspekte der Sprache eignet sich das Kind an, indem es anderen zuhört, Laute und Worte wiederholt, Konversationsformen im Spiel nachahmt und verinnerlicht. Über die Nachahmung lernt das Kind auch den funktionellen Gebrauch von Gegenständen. So sieht es am Familientisch, wie Eltern und Geschwister mit Gabel und Löffel essen. Zu Beginn des zweiten Lebensjahres beginnt es den Löffel selber zu benützen. Eltern brauchen ihrem Kind nicht beizubringen, wie man mit einem Löffel isst, wie man miteinander umgeht oder spricht. Wenn Eltern und die anderen Bezugspersonen das Kind an ihren Tätigkeiten und ihrem sozialen Leben teilhaben lassen, eignet sich das Kind die Verhaltensweisen über die Nachahmung selbstständig an. Wenn Eltern ihr Kind so oft wie möglich in ihre Tätigkeiten mit einbeziehen, geben sie dem Kind auch das wichtige Gefühl, gebraucht zu werden, und damit eine wohltuende Bestätigung von Zugehörigkeit.

Bindungsverhalten, nonverbale Kommunikation, soziale Kognition und soziales Lernen sind die vier Grundbausteine des Sozialverhaltens. Damit das Kind diese Fähigkeiten ausbilden kann, benötigt es ausgedehnte zwischenmenschliche Erfahrungen. Nur so lernt es, dass Erwachsene und Kinder ihre individuellen Interessen und Eigenheiten haben, und entwickelt die Fähigkeit, mit unterschiedlichen Verhaltensweisen und Kommunikationsstilen umzugehen. In vielen Ländern dieser Erde leben die Kinder noch in großen Lebensgemeinschaften. Dort machen sie jeden Tag vielfältige Erfahrungen mit zahlreichen Erwachsenen und Kindern unterschiedlichen Alters. Sie übernehmen gesellschaftliche und religiöse Bräuche durch gemeinsames Erleben und soziales Lernen. In unserer westlichen Gesellschaft werden Kinder, im besonderen Maße Säuglinge und Kleinkinder, immer mehr aus den Tätigkeiten der Erwachsenen ausgeschlossen. Immer weniger Kinder haben Geschwister, und der Kontakt zu anderen Kindern wird ebenfalls immer spärlicher. Damit Kinder in Kleinfamilien ihre sozialen Kompetenzen ausreichend entwickeln können, sind die meisten auf Erfahrungen in Spielgruppen, Krippen und Horten angewiesen.

Warum Disziplin allein keinen Gehorsam lehrt

Ganz gleich, welche Haltung zur Erziehung Eltern auch einnehmen, keine Mutter und kein Vater kommt ohne erzieherische Maßnahmen aus. Auch sehr erfahrene Eltern können nicht darauf verzichten, Regeln aufzustellen und ihren Kindern Grenzen zu setzen. Und selbst den kompetentesten Eltern gehorchen die Kinder unterschiedlich gut. Neben dem Erziehungsstil der Eltern spielen das Alter und die Persönlichkeit des Kindes eine wesentliche Rolle. Manche Kinder sind von ihrem Wesen her leichter zu lenken und kommen Aufforderungen eher nach als andere. Besonders häufig müssen Eltern von Zwei- bis Fünfjährigen Grenzen setzen.

Im Wesentlichen wenden Eltern drei Strategien an, um auf das Kind und sein Verhalten Einfluss zu nehmen:

- *Positives Verstärken.* Das Kind wird für ein Verhalten gelobt, das die Eltern als erwünscht betrachten. Wenn ein 18 Monate altes Kind mit großem Eifer und Ausdauer versucht, mit dem Löffel zu essen, und die Eltern es loben, wird es sich bei der nächsten Mahlzeit umso mehr bemühen. Wir Mitteleuropäer neigen dazu, unsere Kinder viel weniger zu loben als angelsächsische Eltern. Lob hat für uns den Beigeschmack von Verführung und Verwöhnung. Eigentlich schade, da Lob für eine Beziehung einen positiven Wert darstellt, im Gegensatz zu den Maßnahmen mit negativen Konsequenzen. Immerhin gibt die Generation der unter 30-Jährigen an, als Kind weit häufiger gelobt worden zu sein, als dies die über 60-Jährigen aus ihrer Kindheit berichten (Allensbach 2006).

- *Ignorieren.* Die Eltern reagieren nicht auf ein unerwünschtes Verhalten des Kindes. Ignorieren kann wirksamer sein als verbieten, wenn ein Kleinkind beispielsweise Flüche aufgeschnappt hat und sie mit Genuss bei unpassenden Gelegenheiten zum Besten gibt. Das Kind hat meist keine Ahnung, welche Bedeutung die Flüche haben, es hat aber sehr wohl begriffen, dass es damit eine große Wirkung in seiner sozialen Umgebung erzielen kann. Lassen sich die Eltern durch die Flüche nicht provozieren und zeigen keine emotionale Reaktion, hört das Kind von selbst damit auf.

- *Negatives Verstärken.* Das Kind soll ein unerwünschtes Verhalten aufgeben, indem es unangenehme Konsequenzen zu spüren bekommt. Drohen und Schimpfen sind in der Schweiz und wohl auch in Deutschland die häufigsten elterlichen Verhaltensweisen und fast immer auch die erste elterliche Reaktion auf unerwünschtes Kindsverhalten. Zu den häufigen Maßnahmen zählen zudem Verbote wie kein Fernsehen oder aufs Zimmer geschickt werden. Etwa 20 Prozent der Eltern bestrafen ihre Kinder immer noch körperlich; vor 30 Jahren waren es fast 50 Prozent (Allensbach 2006). Schläge auf den Hintern werden am häufigsten erteilt, gefolgt von Ohrfeigen und An-den-Haaren-Ziehen. Nur wenige Eltern, die Körperstrafen anwenden, sehen darin tatsächlich ein geeignetes Erziehungsmittel. Sie vertreten die Meinung, ein Klaps sei hie und da doch angebracht und richte keinen Schaden an. Die große Mehrheit der Eltern fühlt sich jedoch als Versager, wenn ihnen die Hand ausrutscht. Danach quält sie ein schlechtes Gewissen, häufig trösten sie das Kind und bitten es gar um Entschuldigung. Auch wenn sie körperliche Strafen eigentlich vermeiden wollen, schlagen sie ihr Kind dennoch, weil sie ratlos und erzieherisch überfordert sind.

Eine erzieherische Maßnahme wirkt nur, wenn sie von den Eltern konsequent durchgesetzt wird. Sie sollte dem Entwicklungsstand des Kindes entsprechen und in jedem Fall durchführbar sein. Eltern tun gut daran, sich im Voraus zu überlegen, welche Maßnahme ihrem Kind und der Situation angemessen ist, um in einer Krisensituation nicht überstürzt handeln zu müssen. Wirkungsvolle Erziehung hat viel mit Vorausblicken und -planen zu tun.

Eltern sollten sich immer auch bewusst machen, wie das Kind die Maßnahme erlebt. Das Kind empfindet nicht nur körperlichen und psychischen Schmerz, sondern fühlt sich auch abgelehnt: Die Bezugsperson, die mich straft, liebt mich nicht. Dies trifft ganz besonders auf die Körperstrafe zu. Das Gefühl der Ablehnung ist umso stärker, je weniger sich das Kind von der Bezugsperson angenommen fühlt. Abgelehnt fühlt sich das Kind zumeist weniger durch die Maßnahme selbst als vielmehr durch die Art und Weise, wie die Eltern sie ankündigen und durchführen. Es macht für das Kind einen großen Unterschied, ob die Eltern freundlich, aber bestimmt Nein sagen oder aber es mit wutverzerrtem Gesicht anschreien. Ablehnung empfindet das Kind insbesondere dann, wenn die Bezugsperson nicht nur sein Verhalten missbilligt, sondern das Kind als Person entwertet. Eine Ermahnung sollte daher möglichst nie mit einer moralischen Verurteilung verbunden sein (»Du böses Kind«).

Erzieherische Maßnahmen sind wichtig, reichen allein jedoch nicht aus, um ein Kind gehorsam zu machen. Das Kind gehorcht vor allem, weil es die Bezugsperson, die etwas von ihm verlangt, mag und sie nicht enttäuschen will. Es leistet ihren Aufforderungen Folge, weil es ihre Liebe und Zuwendung nicht verlieren will, daher: Beziehung kommt vor Erziehung. Wenn Eltern einen Tag Revue passieren lassen, stellen sie überrascht fest: Eigentlich hat unser Kind zumeist gehorcht. In Erinnerung geblieben sind ihnen aber die wenigen Episoden, wo dies nicht der Fall war. Die Erziehung wäre eine Plackerei ohnegleichen, wenn das Kind nur auf disziplinarischen Druck und nicht aus einer emotionalen Abhängigkeit heraus gehorchen würde. Es ist diese Abhängigkeit, die das Kind in erster Linie gehorsam macht.

Was für die Familie gilt, trifft genauso auf die Schule zu. Ob ein Kind dem Lehrer gehorcht oder nicht, hängt ganz wesentlich von der Qualität der Schüler-Lehrer-Beziehung ab. Wenn sie schlecht ist oder gar fehlt, nehmen die disziplinarischen Maßnahmen zwangsläufig zu, was sich wiederum negativ auf die Beziehung auswirkt und erzieherisch zu einer Abwärtsspirale führen kann.

Welche Maßnahme Eltern und Lehrer auch immer ergreifen, wie erfolgreich sie sein wird, hängt von der Qualität der Beziehung ab. Erwachsene sollten daher immer die momentane Beziehungssituation und die emotionale Befindlichkeit des Kindes berücksichtigen. Auf einen einfachen Nenner gebracht: Je besser die Beziehung zum Kind, desto weniger sind Eltern und Lehrer auf erzieherische Maßnahmen angewiesen und umgekehrt.

Wenn das Kind in die Pubertät kommt, verlieren die Eltern weitgehend ihre erzieherische Macht. Die Beendigung der emotionalen Abhängigkeit ihres Kindes erfahren die Eltern deshalb als so einschneidend, weil sie nicht nur mit einem Liebes-, sondern auch mit einem Kontrollverlust einhergeht. Die Eltern müssen die Beziehung zu ihrem Kind neu gestalten. Dies gelingt wiederum umso besser, je stärker die Kind-Eltern-Beziehung in den Jahren zuvor von gegenseitigem Respekt geprägt war.

Den Lehrern ergeht es wie den Eltern: Mit dem Eintritt in die Pubertät ist die emotionale Abhängigkeit der Schüler weitgehend verschwunden, was den Lehrern eine große Umstellung abverlangt und sie erzieherisch herausfordert. Wenn es dem Lehrer gelingt, die Beziehung zum Schüler auf eine neue Basis von gegenseitigem Respekt zu stellen, kann er für den Jugendlichen durchaus zu einer wichtigen Vertrauensperson werden. So kommt es immer wieder vor, dass beispielsweise eine Schülerin, die sexuell missbraucht wurde, sich nicht ihren Eltern, sondern einem Lehrer oder einer Lehrerin anvertraut. Keine erfolgversprechende Strategie ist es jedoch, sich bei den Jugendlichen anzubiedern. Als Pseudojugendlicher macht sich ein Lehrer nur unglaubwürdig. Authentische Lehrer stehen zu ihrer größeren Lebenserfahrung. Sie äußern ihre Meinung deutlich – ohne den Anspruch zu erheben, die Jugendlichen hätten sich auch danach zu richten. Sie machen sie vielmehr darauf aufmerksam, dass die Jugendlichen die Verantwortung für ihr Handeln nun selber tragen. Was diese freilich kaum daran hindern wird, sich mitunter falsch zu entscheiden und damit in Schwierigkeiten zu geraten. Doch darauf haben sie als Lernende ein Anrecht, womit dem Lehrer eine wesentliche erzieherische Aufgabe zukommt.

Eltern und Lehrer haben die wichtige Funktion, für die Jugendlichen verfügbar zu sein und ihnen aus Schwierigkeiten herauszuhelfen – wenn sie dies erbitten. Irgendwann sind die pubertären Nöte ausgestanden, und die Beziehung, die sich dann zwischen dem jungen Erwachsenen, den Eltern und den Lehrern einstellt, wird ein sehr genauer Spiegel dessen sein, wie tragfähig ihre Beziehung während der Kindheit war und wie gut man die schwierigen Jahre der Pubertät gemeinsam bewältigt hat.

Wenn wir unsere Kinder nicht zu blindem Gehorsam erziehen wollen, müssen wir ein gewisses Maß an Ungehorsam akzeptieren. Zu einem normalen kindlichen Heranwachsen gehört, dass das Kind einigen Anforderungen nur widerstrebend und mit zeitlicher Verzögerung folgt. Versetzt man sich in die Situation des Kindes hinein, ist sein Unwille zumeist verständlich. Ein Kind ist beispielsweise in sein Spiel vertieft, wenn die Mutter es auffordert, ins Bett zu gehen. Es braucht Zeit, um sich von seinem Spiel zu lösen und auf die Schlafenszeit einzustellen. Der Vater reagiert kaum anders, wenn er konzentriert am Computer sitzt und seine Frau ihn zum Essen ruft.

Gehorsam sollte immer nur ein Mittel sein, um das Kind zu einem sinnvollen Verhalten hinzuführen. Wird Gehorsam zum Zweck an sich, dient er nur noch der Durchsetzung von Macht und demütigt das Kind. Eltern und Lehrer sollten immer auch bedenken, welche langfristigen Auswirkungen ihre Erziehungshaltung auf die Kinder haben wird, unter anderem ebenso auf deren Erziehungsverhalten als zukünftige Eltern und unter Umständen als Lehrer.

Wie aus Kindern sozial kompetente Erwachsene werden

In der mehr als 2000 Jahre alten jüdisch-christlichen Kultur war Gehorsam nicht nur Mittel zum Zweck, sondern weithin das eigentliche Erziehungsziel: »Wer sein Kind lieb hat, der hält es stets unter der Rute, dass er hernach Freude an ihm erlebe.« (Prophet Sirach, 30.1) An diese Erziehungshaltung hält sich auch noch ein Pädagoge des 18. Jahrhunderts: »Für die Erziehung ist Gehorsam notwendig, weil er dem Gemüt Ordnung und Unterwürfigkeit gegen die Gesetze gibt. Ein Kind, das gewohnt ist, seinen Eltern zu gehorchen, wird auch, wenn es frei und sein eigener Herr wird, sich den Gesetzen und Regeln der Vernunft unterwerfen, weil es einmal schon gewöhnt ist, nicht nach seinem eigenen Willen zu handeln.« Die ganze Erziehung sei eigentlich nichts anderes »als die Erlernung des Gehorsams«. (J. G. Sulzer 1748)

Was wollen wir mit unserer Erziehung erreichen? Das Kind verinnerlicht, wie die Menschen in der Gemeinschaft miteinander umgehen, hält sich an die Regeln ihres zwischenmenschlichen Umgangs, übernimmt ihre Sitten und Gebräuche und teilt ihre Wertvorstellungen. Zwischenmenschliches Verhalten und Wertvorstellungen eignen sich Kinder weniger durch erzieherische Vorgaben als vielmehr durch soziales Lernen oder Modell-Lernen an (Bandura 1976). Namhafte Anthropologen sind der Ansicht, dass die starke Ausprägung dieser Fähigkeit wesentlich zur Evolution des Menschen beigetragen hat (Mayr 2003). Das Kind kann gar nicht anders werden als seine soziale Umwelt.

Bereits Neugeborene sind in einem beschränkten Umfang fähig, einen mimischen Ausdruck nachzuahmen (Melzoff 1977). In den Wochen und Monaten nach der Geburt verinnerlicht das Kind das zwischenmenschliche Verhalten vertrauter Menschen. Dieser Prozess spiegelt sich im kindlichen Spiel wider. Im Alter von zwei Jahren spielt das Kind mit Puppen und Teddybären nach, wie seine Eltern mit ihm umgehen. Im Rollenspiel mit anderen Kindern übernimmt es dann auch das Verhalten anderer Personen, zum Beispiel der Kindergärtnerin oder Nachbarin. In den ersten Lebensjahren verinnerlichen Kinder, wie sie sich zu benehmen haben und welche sozialen Erwartungen die Umgebung an sie stellt. Die Bereitschaft zum sozialen Lernen ist in diesem Alter besonders ausgeprägt. Kinder im Vorschulalter haben ein ausgesprochen großes Bedürfnis, sich an Vorbildern zu orientieren, und eine hohe Bereitschaft, das Verhalten anderer zu übernehmen. In dieser Altersperiode werden wichtige Grundlagen für das spätere Sozialverhalten gelegt. Im Laufe der Kindheit nimmt diese Bereitschaft ab, ist aber auch unter Erwachsenen noch vorhanden.

Das Kind braucht verschiedene Bezugspersonen als Vorbilder. So lernt es, mit unterschiedlichen Verhaltensweisen umzugehen. Sehr wichtig sind gleichaltrige und vor allem etwas ältere Kinder. Vieles, von dem die Erwachsenen glauben, es dem Kind vermitteln zu müssen, lernt es besser und rascher von anderen Kindern. Die Fähigkeit, auf einen anderen Menschen einzugehen, sein Handeln und Fühlen zu verstehen, wird dem Kind von anderen Kindern oft viel unmittelbarer und entwicklungsgerechter vermittelt als von Erwachsenen.

Spätestens ab dem zweiten Lebensjahr sollte das Kind daher ausgedehnte Erfahrungen in altersdurchmischten Gruppen machen können. Mutter-Kind-Gruppen, Spielgruppen, Frühkindergärten und Kitas tragen wesentlich zur Sozialisierung und zu einem entwicklungsgerechten Lernen von Kleinkindern bei.

Kinder zu sozial kompetenten Menschen zu erziehen, indem man an ihrem Verhalten herumkritisiert, ihnen vorschreibt, wie sie sich zu benehmen haben, und sie zu disziplinieren versucht, ist verlorene Liebesmüh. Kinder orientieren sich weit weniger an dem, was Eltern und Bezugspersonen von ihnen verlangen und zu ihnen sagen, als vielmehr an dem, was sie von diesen konkret vorgelebt bekommen. Erwachsene sollten daher ihr eigenes Verhalten immer wieder kritisch – aus der Perspektive des Kindes – hinterfragen und versuchen, sich vorzustellen, wie sie als Vorbilder auf die Kinder wirken. Bedanken sich Eltern vom frühesten Alter ihres Kindes an, wenn sie etwas von ihm erhalten, so wird das Kind von selbst Danke sagen. Es kann gar nicht anders. Bedanken sich die Eltern aber nie beim Kind, haben sie die mühselige Aufgabe, das Kind zum Dankesagen zu erziehen. Sitzen die Eltern ständig vor dem Fernseher, werden es ihnen die Kinder nachmachen. Ernähren sie sich nur noch von Fertiggerichten und Junk-Food, eignen sich auch ihre Kinder diese Esskultur an. Welches Verhalten und welche Wertvorstellungen sich das Kind erwirbt, hängt also letztlich von seinen Vorbildern ab.

Je älter Kinder werden, desto stärker werden sie durch das außerfamiliäre Umfeld und insbesondere durch die Schule sozialisiert. Kinder verbringen während der obligatorischen

Schuljahre 8000 bis 10 000 Stunden in der Schule. Die Schule sozialisiert die Kinder zwangsläufig, die Frage ist lediglich, wie. Als Erwachsene sind wir uns bewusst, wie sehr uns die langjährigen und tief greifenden Erfahrungen der eigenen Schulzeit in unserem Sozialverhalten geprägt haben. Ein Kind verinnerlicht, wie der Lehrer mit ihm und wie er mit den anderen Kindern umgeht, gerade auch mit jenen, die in ihrem Verhalten schwierig sind oder Lernschwächen haben. Die Erfahrungen, die zum Beispiel ein Kind aus einer Migrationsfamilie in der Schule macht, ob es ausgegrenzt oder ob ihm mit Verständnis und Interesse begegnet wird, prägen es auch noch als Erwachsenen nachhaltig in seinem Verhalten und in seinen Wertvorstellungen.

Anstatt uns ständig immer mehr disziplinarische Maßnahmen zu überlegen, mit denen wir die Kinder zu sozial erwünschtem Verhalten erziehen könnten, sollten wir uns vermehrt Gedanken darüber machen, welche Vorbilder wir abgeben und wie wir auf Kinder und Jugendliche wirken. Was haben wir für einen Umgang miteinander, welche Beziehungskultur und Wertvorstellungen wollen wir den Kindern weitergeben? Carl Valentin hat die Essenz der Erziehung in seiner flapsigen, aber sehr zutreffenden Art auf den Punkt gebracht: »Wir können Kinder nicht erziehen; die machen uns eh alles nach.«

Wie Kinder zur Moral kommen

Damit ein Kind moralische Wertvorstellungen entwickeln kann, muss es sich seiner selbst bewusst werden. Es muss fähig sein, seine Gefühle wahrzunehmen und über sich selbst nachzudenken. Wenn es ein Verständnis für andere Menschen entwickeln soll, muss es auch in der Lage sein, sich in sie hineinzufühlen und hineinzudenken.

Es dauert etwa zwei Jahre, bis das Kind ein erstes Verständnis für seine eigene Person entwickelt hat. Gegen Ende des zweiten Lebensjahres wird sich das Kind zunehmend bewusst, ein eigenständiges Wesen zu sein. Verschiedene Forscher haben die Entwicklung der Selbstwahrnehmung untersucht (Bischof-Köhler 1989). Ein erster Hinweis liefert der sogenannte Rouge-Test: Das Kind bemerkt einen roten Fleck auf seiner Nase im Spiegelbild, das heißt, es erkennt, dass der Fleck in seinem Gesicht ist. Das Bewusstsein der eigenen Person äußert sich nach einigen Monaten auch in der Sprache. Im dritten Lebensjahr beginnt das Kind zuerst die Ich-, dann die Du-Form zu verstehen und einige Zeit später auch anzuwenden.

Mit dem Einsetzen der Selbstwahrnehmung erhält das Kind auch einen eigenen Willen, möchte ihn durchsetzen und muss erleben, dass ihm dies nicht immer gelingen kann. Hin und wieder stößt sein Handeln auf Grenzen, die das Kind nicht akzeptieren will. Der zweijährige Kurt drückt an den Schaltern der Stereoanlage herum. Der Vater verbietet ihm, die Anlage zu berühren, aber Kurt kann der Versuchung nicht widerstehen und macht weiter. Der Vater trägt ihn schließlich von der Anlage weg, woraufhin Kurt schreit, strampelt und um sich schlägt. Kinder bringen, wenn sie sich nicht durchsetzen können, ihren Unmut je nach Temperament unterschiedlich stark zum Ausdruck.

In diesem Alter macht das Kind auch die frustrierende Erfahrung, dass sich nicht nur Personen, sondern auch Gegenstände seinen Absichten widersetzen können. Die Reaktion des Kindes kann gegenüber Gegenständen genauso heftig ausfallen wie gegenüber dem Vater, der ihm nicht erlaubt, an der Stereoanlage herumzuspielen. Kurt versucht beispielsweise, den Teddybären auf einen Stuhl zu setzen. Es will ihm aber nicht gelingen, der Teddy fällt immer wieder herunter. Kurt wird zunehmend frustriert. Schließlich wirft er den Teddybären im Zimmer herum und schreit Zeter und Mordio.

Ein Kind mit ausgeprägten Trotzreaktionen kann den Eltern erhebliche Mühsal bereiten. Weit schlimmer wäre aber ihr Ausbleiben, denn sie gehören zur normalen kindlichen Entwicklung. Ihr Auftreten zeigt an, dass die Ich-Entwicklung eingesetzt hat. Trotzreaktionen treten frühestens am Ende des ersten Lebensjahres auf und können sich bis ins frühe Kindergartenalter hinziehen. In der Vergangenheit wurde es als erzieherische Aufgabe angesehen, dem Kind die Trotzreaktionen auszutreiben und seinen Willen zu brechen. Damit wollte man vermeiden, dass der Trotz immer mehr eskaliert und das Kind der elterlichen Kontrolle auf Dauer entgleitet. Diese Angst ist jedoch unbegründet. Am wirksamsten ist eine Erziehungshaltung, die das Trotzverhalten nicht zu unterbinden sucht, aber den Forderungen des Kindes auch nicht nachgibt. Die Eltern lassen das Kind sich austoben, bleiben aber bei ihrer Haltung. So lernt das Kind mit der Zeit, dass es mit seinem

Verhalten die Eltern nicht unter Druck setzen kann. Manche Kinder brauchen Jahre, bis sie ihre Gefühle einigermaßen unter Kontrolle haben.

Wenn das Kind beginnt, sich seiner selbst bewusst zu werden, bedeutet das noch lange nicht, dass es sich auch in andere Menschen hineinzufühlen vermag. Bis zum vierten Lebensjahr bleiben Kinder in ihren Gefühlen, ihrer Wahrnehmung und ihrem Denken in einem hohen Maß selbstbezogen. Piaget spricht von einem Alter des Egozentrismus. Das Kind erlebt sich als Mittelpunkt, und die Welt ist Teil seiner selbst. So geht ein Kind im Alter von drei Jahren noch davon aus, von anderen nicht mehr gesehen zu werden, wenn es sich die Augen zuhält. Selbst im vierten Lebensjahr bedenkt ein Kind noch nicht, dass alle, die ihm beim Verstecken zusehen, wissen, wo es ist. Erst gegen Ende des vierten Lebensjahres ist Versteckenspielen mehr als »Nichtgesehenwerden«. Das Kind hat begriffen, wie es sich verstecken muss, damit die anderen aus ihrer Perspektive nicht wissen können, wo es sich verborgen hält. Es muss nicht nur aus dem Blickfeld, sondern auch »aus dem Wissen« der anderen verschwunden sein. In diesem Alter wird das Kind fähig, sich in andere Menschen hineinzuversetzen, sich in ihre Emotionen einzufühlen sowie ihre Gedanken und Denkweise nachzuvollziehen. Diese Fähigkeit wird in der Psychologie »Theorie des Denkens« oder »Theory of Mind« genannt (Premack und Woodruff 1978; Bischof-Köhler 2000). Das Kind kann damit in einer begrenzten Weise die Gefühlsäußerungen und Absichten anderer sowie ihr Verhalten und ihre Handlungen besser verstehen und auch versuchen, sie vorherzusagen.

Mit der beginnenden Einsicht in die eigene Person und in die Befindlichkeit anderer Menschen dürfen wir nicht erwarten, dass sich das Kind auch mitfühlend verhält. Wenn Eltern und andere Bezugspersonen einfühlsam mit dem Kind umgehen, seine Gefühle und Gedanken respektieren, wird es mit anderen Menschen ebenso sensibel umgehen. Erlebt das Kind aber, dass seine Gefühle und seine Gedanken missachtet sowie seine Anliegen und Wünsche abgewertet werden, wird es andere Kinder und Erwachsene ebenso schlecht behandeln. Sein Einfühlungsvermögen kann es dazu verwenden, sich anderen Menschen gegenüber empathisch zu verhalten. Es kann sie damit aber auch manipulieren. Einmal mehr sind es die Vorbilder, die bestimmen, wie das Kind seine Fähigkeiten der sozialen Kognition einsetzen wird.

Mit der Fähigkeit, Verhalten und Werte bei anderen wahrzunehmen und sich selber zuzuschreiben, beginnt im Alter von etwa vier Jahren die erste Etappe der Moralentwicklung mit der sogenannten »magischen Phase«. Das Kind hört mit Begeisterung Märchen und schaut sich gern Fantasy-Filme an. Feen und Hexen werden für das Kind im Spiel zu realen Wesen. Spielsachen beginnen ein geheimnisvolles Eigenleben zu führen. Kuscheltiere und Puppen können fliegen, sich verwandeln und zaubern. Das Kind entwickelt eine ausgeprägte Vorliebe für Prinzessinnen und Ritter, Dinosaurier und Monster. Alle diese Figuren besitzen großartige und wundersame Fähigkeiten und symbolisieren Eigenschaften wie Schönheit, Größe oder Kraft. Sie können das Böse verkörpern und Furcht einjagen. Sie können aber auch das Gute darstellen und Schutz bieten. Es sind in gewisser Weise archetypische Vorstellungen und Rollen, die das Kind für sich entdeckt und in seinem Spiel auslebt: der starke Held, die schöne Frau, das bösartige Untier.

Kinder identifizieren sich mit diesen Fantasiewesen und wollen sich deren Insignien, wie Diadem oder Schwert, zulegen. Manche Eltern sind wenig begeistert oder gar entsetzt, wenn das Lieblingsspielzeug ihres Sohnes ein blinkendes Gummischwert oder eine Wasserpistole wird. Das Kind spürt an den Reaktionen der Erwachsenen und vor allem an denjenigen anderer Kinder, dass die Waffe Furcht auslöst und ihm Macht verleiht. Je heftiger und emotionaler das Gegenüber auf sein Spiel reagiert, umso interessanter wird für es auch sein Spiel. Die Eltern sind verständlicherweise irritiert durch diesen Hang zur Gewalt. Sie haben ihren Sohn doch nicht zur Gewalt erzogen! Aber auch Barbiepuppen, von zahllosen Mädchen vergöttert, rufen bei manchen Eltern als ein frühes Symbol der Konsum- und Medienwelt gemischte Gefühle hervor.

Diese Vorlieben sind bei den meisten Kindern von vorübergehender Natur, was nicht heißt, Eltern müssten darauf nicht reagieren. Das Kind sollte lernen, dass man Waffen nicht gegen andere Menschen richtet oder gar anwendet. Es geht aber um weit mehr als nur den achtsamen Umgang mit dem Gummischwert. Es geht um die Werte, die das Kind in seinem Spiel zum Ausdruck bringt, sowie darum zu lernen, die Reaktionen der Umgebung ernst zu nehmen. Der Junge fühlt sich mit der Waffe mächtig. Warum will er anderen Menschen Angst einjagen? Nimmt er wahr, wie sich andere fühlen, wenn sie von ihm bedroht werden? Warum ist es so wichtig, schön zu sein? Welche anderen Werte gibt es, die eine Person auch begehrenswert machen? Wie auch immer Eltern sich verhalten, sie tragen mit ihren Reaktionen auf das Spiel des Kindes dazu bei, dass das Kind bestimmte Werte übernimmt und sein Selbstwertgefühl darauf aufbaut.

Im Schulalter wird das Kind mit Regeln und Ritualen vertraut gemacht, die häufig auch moralische Werte vermitteln. Die Regeln werden ihm oft weniger von Erwachsenen als von gleichaltrigen Kindern beigebracht. Das Kind lernt, dass es nur mitspielen kann, wenn es sich an die Regeln hält. Es entwickelt eine Vorstellung davon, was beispielsweise Ordnung bedeutet. Diese Vorstellung bleibt immer mit konkreten Lebenssituationen verbunden: Müll gehört nicht auf den Boden, sondern wird entsorgt. Eltern und Lehrer können Regeln anordnen oder sie mit den Kindern zusammen erarbeiten. Letzteres ist kindgerechter und nachhaltiger, weil es nicht nur zu Gehorsam, sondern auch zu Einsicht führt und solidarisches Verhalten fördert.

Ein Merkmal der Adoleszenz ist, dass Jugendliche ethische Werte nicht nur für ihre eigene Lebensgemeinschaft, sondern für die ganze Gesellschaft fordern. Manche streben sogar nach einer universellen Ethik, die für alle Menschen und Lebewesen dieser Erde gelten soll. Es sind diese jungen Menschen, die sich für die Bekämpfung der Armut in den Entwicklungsländern, für Frieden und gegen Krieg oder für den Artenschutz von Pflanzen und Tieren besonders einsetzen. Sie reagieren überaus sensibel auf Themen, die in einem umfassenden Sinn mit Gerechtigkeit und Solidarität zu tun haben. Schon Kinder, aber besonders Jugendliche lassen sich für ethische Themen begeistern, wenn Eltern und Lehrer sich selbst für eine Sache nicht nur inhaltlich, sondern auch emotional engagieren. El-

Junge Menschen fordern universelle ethische Werte ein.

tern können beispielsweise die Begegnung mit einem Bettler im Einkaufszentrum zum Anlass für ein gemeinsames Nachdenken über Armut und Gerechtigkeit nehmen. Ein Lehrer kann seine Schüler für eine Diskussion über die Bedeutung der Gewaltentrennung in einer Demokratie begeistern, wenn für ihn das Thema nicht nur ein Element des Staatskundeunterrichts ist, sondern einen sozialethischen Wert darstellt. Ein solcher Umgang mit ethischen Fragestellungen zeigt Kindern und Jugendlichen auf, weshalb Regeln für das Zusammenleben in der Gemeinschaft sinnvoll und notwendig sind, und wird auf diese Weise eine Vorbereitung auf das spätere Leben als mündiger Bürger (Dewey 1993; Korczak 1970).

Das Kind als lernendes Wesen

»Wir lernen für die Schule, nicht für das Leben«, bedauerte bereits Seneca (4 vor bis 65 Jahre nach Christus). Falsch verstandenes Lernen hat eine sehr lange Tradition. In unserer Gesellschaft bedeutet Lernen in erster Linie Auswendiglernen, um Prüfungen erfolgreich zu bestehen und die Schule mit dem Abitur abzuschließen. Doch was Lernen wirklich heißt, zeigen uns Kinder in ihrer frühen Entwicklung.

Die ersten fünf Lebensjahre machen zeitlich etwa ein Drittel der Kindheit aus. In diesen wenigen Jahren durchlaufen Kinder jedoch deutlich mehr als die Hälfte ihrer gesamten kindlichen Entwicklung. Säuglinge und Kleinkinder entwickeln sich in einem atemberaubenden Tempo. Sie kommen als kleine, hilflose Wesen auf die Welt, können sich kaum bewegen, nur wenig kommunizieren, geschweige denn Einfluss auf die Umwelt nehmen. Im Alter von fünf Jahren verfügen sie über differenzierte fein- und grobmotorische Fähigkeiten und beherrschen die Alltagssprache. Sie haben bereits vielfältige Kenntnisse in Bereichen wie Kausalität, Raum und Zeit erworben und können kompetent mit ihren Mitmenschen umgehen. Um sich all diese Fähigkeiten anzueignen, besuchten die Kinder keine Schule, mussten nicht unterwiesen werden und hatten keine Prüfungen zu bestehen. Warum also sollte ihnen dieses beeindruckende Lernvermögen mit dem Eintritt ins Schulalter plötzlich abhandengekommen sein? Warum sollten sie nur noch unter strengster Anleitung von Erwachsenen lernen und sich weiterentwickeln können?

Wie Kinder lernen

Die Sprachentwicklung zeigt uns exemplarisch, worin echtes Lernen besteht. Aus den langen Lautfolgen, die das Kind zu hören bekommt, pickt es Worte heraus und begreift ihre Bedeutung. Zwischen dem zweiten und fünften Lebensjahr eignet sich ein Kind ein bis acht Worte pro Tag an. Der Wortschatz wächst bis zum fünften Lebensjahr auf 1500 bis 8000 und mehr Worte an (Grafik 3: Entwicklung des Wortschatzes). Zusätzlich macht sich das Kind mit den grammatikalischen Regeln der Wort- und Satzbildung vertraut. Es bildet mit etwa zwei Jahren Zwei-Wort-Sätze, mit drei bis vier Jahren Mehr-Wort-Sätze und kann sich im Alter von fünf Jahren in vollständigen Sätzen ausdrücken. Wie Kinder sich Sprache aneignen, grenzt an ein Wunder. Sie sind Lerngenies.

Diese enorme Leistung ist nur möglich, weil das Kind über eine angeborene Begabung zum Spracherwerb verfügt. Das Kind leitet die Regeln der Sprache – oder die Tiefenstruktur, wie es der Linguist Noam Chomsky (1967) nannte – selbstständig ab. Es eignet sich die phonologischen, syntaktischen und grammatikalischen Grundregeln der Erstsprache unbewusst an und erschließt sich mit seinen kognitiven Fähigkeiten den Sinn der Worte (Semantik). Das Kind erfasst beispielsweise die Bedeutung der Präposition »in« zuerst in seinem Spiel: Es legt Würfel in eine Schachtel und nimmt sie wieder heraus. Es erkennt, dass ein Gegenstand in einem anderen Gegenstand enthalten sein kann. Diese räumliche Einsicht bringt es nun mit der Präposition »in« in Verbindung. Es erlebt, wie seine Mutter Milch in die Tasse gießt, Äpfel in den Korb legt und Kleider im Schrank verstaut. Es hört, wie die Mutter ihr Tun laufend kommentiert und dabei immer wieder die Präposition »in« benutzt. Schließlich begreift das Kind, was das Wort »in« bedeutet, und wendet es einige Zeit später auch selbst an. Ganz entscheidend beim Spracherwerb ist, dass Erleben und Verstehen Hand in Hand gehen. Zuhören allein trägt nur sehr begrenzt zur Sprachkompetenz bei.

Ohne diese Begabung kann sich Sprache nicht entwickeln. Die Begabung allein reicht aber auch nicht aus, damit Sprache entstehen kann. Sie schafft lediglich die Voraussetzungen dafür. Das Kind benötigt zusätzlich in den ersten Lebensjahren einen intensiven sprachlichen Austausch, nicht nur mit den Eltern, sondern auch mit anderen Bezugspersonen – wie es einst die Großfamilie bot. In der Kleinfamilie ist dieser Austausch leider oft nicht mehr gewährleistet. Das Bezugssystem des Kindes ist häufig auf eine Person, meist die Mutter, zusammengeschrumpft und damit unzureichend für eine Entwicklung, die auf vielseitige und intensive Erfahrungen angelegt ist. Ein Großteil der Eltern kann die ausgedehnte Kommunikation, die das Kind für seine Entwicklung braucht, zeitlich nicht leisten und sein Verlangen danach somit nicht ausreichend befriedigen. So manche Mutter und mancher Vater fühlt sich überfordert vom andauernden Geplauder und den endlosen Fragen ihres Kindes. Den meisten Kindern fehlt aber vor allem eines – der Austausch mit anderen Kindern. Kleinkinder wollen den ganzen Tag reden und haben ein intensives Bedürfnis, sich immer wieder mit anderen Kindern sprachlich auszutauschen. Eltern und andere Erwachsene dienen ihnen als Vorbilder, Kinder aber sind ihre eigentlichen Übungspartner – idealerweise jeden Tag über mehrere Stunden hinweg.

Die Fähigkeit, eine Sprache lediglich durch Kommunizieren zu erlernen, wird als synthetischer Spracherwerb bezeichnet (Grafik 4: Formen des Spracherwerbs). Sie ist in den ersten Lebensjahren am stärksten entwickelt und nimmt bis zur Pubertät immer mehr ab (Lenneberg 1967). Nur eine Minderheit der Menschen bewahrt sich die Fähigkeit, eine Sprache synthetisch zu erwerben, bis ins Erwachsenenalter. Die meisten Jugendlichen und Erwachsenen müssen eine Fremdsprache – oft mühsam – analytisch lernen. Sie eignen sich durch Auswendiglernen einen Wortschatz und die formalen Elemente der Sprache wie Grammatik und Syntax an. Dieses analytische Lernen führt zumeist nur noch zu einer beschränkten Sprachkompetenz, die charakteristischerweise immer mit einem Akzent behaftet ist.

Der synthetische und der analytische Spracherwerb zeigen den grundlegenden Unterschied zwischen einem kindgemäßen und einem durch Erwachsene bestimmten Lernen auf. Das synthetische Lernen wird durch eine intrinsische Motivation angetrieben. Beim analytischen Lernen, das in der Schule dominiert, muss das Kind von der Lehrerin motiviert werden.

Der Lernerfolg ist im Vergleich zum synthetischen Lernen bescheiden.

Weil die Fähigkeit zum synthetischen Spracherwerb in den ersten Lebensjahren am besten entwickelt ist, wird für den Erwerb von Fremdsprachen propagiert: Je früher, umso besser. Diese These stimmt jedoch nur unter zwei Vorbedingungen: Erstens muss das Kind die Sprache zeitlich ausreichend erfahren. Und zweitens müssen die sprachlichen Erfahrungen mit ganzheitlichem Erleben verknüpft sein. Nur wenn das Kind das Gehörte mit Handlungen und Situationen unmittelbar verbinden kann, lernt es, Sprache zu verstehen und schließlich auch zu sprechen. Die Sprache muss also in den Alltag des Kindes eingebettet sein und ständig in einem direkten Bezug zu seinen Erfahrungen stehen. Diese Voraussetzungen sind beispielsweise in einem Kindergarten erfüllt, in dem deutschsprachige Kinder von einer englischsprachigen Kindergärtnerin betreut werden. Nach einem halben Jahr sprechen die meisten Kinder recht gut Englisch. Vergleichbar ist diese Situation mit der Betreuung durch eine fremdsprachige Nanny, mit der das Kind jeden Tag einige Stunden kommuniziert, gemeinsame Erfahrungen macht und sich so ihre Sprache aneignet.

Frühenglisch light, wie es in der Schweiz praktiziert wird (in der Grundschule zwei Lektionen Englisch pro Woche), kann die von Bildungspolitikern geweckten Erwartungen hingegen nicht erfüllen. Es kommt eher einer Placebo-Medikation gegen die Globalisierungsängste von Eltern gleich. Da mal ein Wort, dort mal einen Reim oder ein Lied auf Englisch zu hören mag für Kinder unterhaltsam und anregend sein, führt jedoch nicht zu Sprachkompetenz. Es sind zu wenige Wochenstunden mit zumeist der falschen Methodik. Besser machen es Schulen im Saarland und in Baden-Württemberg, in denen Schüler je zur Hälfte auf Deutsch und auf Französisch unterrichtet werden. Bis zur vierten Klasse sind sie fähig, sich in beiden Sprachen zu verständigen.

Fremdsprachenunterricht verspricht demnach Erfolg, wenn die Schüler jeden Tag einige Stunden in einer Fremdsprache kommunizieren können und die Sprache in den allgemeinen Unterricht eingebettet ist. Gute Erfahrungen sind in den vergangenen 30 Jahren in Kanada, Finnland und Australien mit dem sogenannten Immersionslernen gemacht worden, also dem Eintauchen in eine Fremdsprache. Dieser pädagogische Ansatz orientiert sich an den folgenden Grundsätzen:

- Konsequenter Einsatz der Fremdsprache in allen Situationen des Alltags.
- Jede Person spricht nur eine Sprache.
- Frühzeitiger Beginn (möglichst mit 3 Jahren).
- Hohe Intensität (täglich über mehrere Stunden).
- Lange Dauer (Kindertagesstätten- und Grundschulzeit).
- Vielfältige sprachliche Erfahrungen: Begleiten von Handlungen, Herstellen von Sachzusammenhängen, Ansprechen aller Sinne, Miteinbeziehen von emotionalen Elementen (Ritualen etc.).

Das Immersionslernen ist wahrscheinlich deshalb so erfolgreich, weil es dem natürlichen Spracherwerb am nächsten kommt (Frühe Mehrsprachigkeit).

Der Spracherwerb lehrt uns etwas Grundsätzliches, denn was für die Sprache gilt, trifft auch auf alle anderen Entwicklungsbereiche wie Motorik, Sozialverhalten oder logisches Denken zu. Damit sich Kompetenzen wie Gehen, nonverbale Kommunikation oder Zahlenverständnis entwickeln können, ist einerseits eine Anlage erforderlich, und andererseits muss das Kind entwicklungsspezifische Erfahrungen machen können. Die Anlagen differenzieren sich im Verlauf der Kindheit immer weiter aus und schaffen damit die Voraussetzungen für den Erwerb von immer neuen Fähigkeiten. Realisiert werden die Fähigkeiten aber immer erst durch Erfahrungen, die spezifisch für einen bestimmten Entwicklungsschritt sind. Welche Erfahrungen das Kind für das Aneignen einer Fähigkeit benötigt, spiegelt sich in seinem Neugierverhalten. So reift die motorische Hirnrinde im Laufe von neun Monaten so weit heran, dass sich der Pinzettengriff entwickeln kann. Um sich diese hoch differenzierte Greiffunktion anzueignen, pickt das Kind mit großem Eifer wochenlang winzige Gegenstände auf. Mit sieben Jahren haben sich die Hirnstrukturen, mit denen Mengen erfasst werden, so weit entwickelt, dass daraus ein begrenztes Zahlenverständnis entstehen kann. Das Kind will nun Gegenstände zählen und dabei immer wieder überprüfen, ob es die Anzahl zuverlässig erfassen kann.

Eltern und Lehrer versuchen häufig, das Verständnis eines Kindes zu wecken, indem sie es mit logischen Argumenten zu überzeugen suchen. Das Kind will aber nicht durch abstrakte Einsicht, sondern durch konkrete Erfahrungen lernen. Selbst wir Erwachsenen lernen noch mehrheitlich unbewusst. Wenn wir Auto fahren lernen, eignen wir uns theoretisches Wissen darüber an, wie ein Auto funktioniert. Um es aber zu beherrschen, reichen diese Kenntnisse nicht aus. Also müssen wir den Wagen fahren und konkrete Erfahrungen beim Lenken, Beschleunigen und Bremsen machen. Diese Form des Lernens durch aktives Handeln und Erleben ist in der Kindheit die vorherrschende. Dieses Lernen entgeht uns weitgehend, weil wir es nicht wahrnehmen und nachvollziehen können. Wir unterschätzen es, weil es nicht durch rationale Überlegungen bestimmt wird, sondern unbewusst abläuft. Abstrakte Einsichten und darauf basierendes Handeln bleiben für Kinder sehr lange unverständlich und können daher auch nicht übernommen werden. Sie werden für die meisten Kinder – wenn überhaupt – erst nach dem zehnten Lebensjahr verständlich und anwendbar. Dazu gehören beispielsweise in der Sprache ein Verständnis für Grammatik und Syntax oder in der Mathematik für Formeln und Algebra.

Kindgerechtes Lernen, das zu nachhaltigem Begreifen führt, wird in der Schule leider wenig gefördert. Hier wird viel zu viel auswendig gelernt und innerhalb kürzester Zeit auch wieder entsorgt, wodurch der Unterrichtsstoff nie wirklich als bleibendes Wissen verinnerlicht wird. Viele Eltern und Lehrer glauben irrtümlicherweise, Auswendiglernen führe zu guten Noten und bestandene Prüfungen garantierten Kompetenzen. Nachhaltiges Lernen besteht jedoch darin, dass durch eigenständige Erfahrungen neues Wissen und neue Fähigkeiten mit vorhandenem Wissen und vorhandenen Fähigkeiten verknüpft werden.

Warum Kinder selbstbestimmt lernen wollen

Jedes Kind will sich entwickeln, und dazu muss es ständig neue Erfahrungen machen können. Es hat einen inneren Drang, zu wachsen und sich Fähigkeiten und Kenntnisse anzueignen. Wenn es einen bestimmten Entwicklungsstand erreicht hat, beginnt es von sich aus, nach Gegenständen zu greifen, sich fortzubewegen und sich sprachlich auszudrücken. Wäre die kindliche Entwicklung nur von äußeren Reizangeboten abhängig, hätte der Mensch nie den heutigen Entwicklungsstand erreichen können. Das Zusammenspiel von Anlage und Reifung einerseits und Erfahrungen andererseits findet sich bei allen Lebewesen als ein grundlegendes Prinzip der Biologie.

Die Bereitschaft des Kindes, sich zu entwickeln, wird von manchen Eltern als Entlastung und sogar als Geschenk empfunden. Eltern müssen sich nicht ständig aktiv um die Fortschritte ihres Kindes bemühen. Es braucht nicht »gefördert« zu werden. Doch wenn sich Kinder aus sich heraus entwickeln, was müssen Eltern und Lehrer dann noch dazu beitragen? Für jeden Entwicklungsschritt gibt es einen bestimmten Zeitpunkt, zu dem das Kind innerlich bereit ist. Wann dies so weit ist, zeigt uns das Kind mit seinem Verhalten an. Diesen Zeitpunkt gilt es zu erfassen. Im zweiten Lebensjahr will das Kind beispielsweise selbstständig essen. Das Alter, in dem es geistig und motorisch so weit entwickelt ist, um mit einem Löffel umgehen zu können, ist von Kind zu Kind verschieden. Einige Kinder sind bereits mit zehn bis zwölf Monaten am Löffeln interessiert, andere erst mit 18 bis 24 Monaten. Versuchen die Eltern, dem Kind den Umgang mit dem Löffel beizubringen,

Selber essen macht stolz.

bevor es dazu bereit ist, überfordern sie es. Verweigern sie dem interessierten Kind den Löffel, protestiert und resigniert es schließlich. Es stellt sich darauf ein, für alle Zeiten gefüttert zu werden – was die Eltern sicherlich nicht beabsichtigen. Spüren die Eltern, dass bei ihrem Kind das Interesse am Löffel erwacht, und lassen sie es die entsprechenden Erfahrungen selber machen, so wird das Kind zwei wesentliche Dinge lernen: Es hat sich eine Kompetenz selber angeeignet und ist in einem weiteren Lebensbereich selbstständig geworden. Beides festigt sein Selbstwertgefühl.

Gleiches gilt für das Schulkind. Grafik 5, »Entwicklung der Lesekompetenz«, beschreibt die individuelle Entwicklung der Lesekompetenz bei drei Jungen. Eldar zeigt eine durchschnittliche Entwicklung, er beginnt sich für Buchstaben mit sechs

Der kleine Lars bringt sich das Lesen selbst bei.

bis sieben Jahren zu interessieren. Mit 16 Jahren ist seine Lesekompetenz vollständig ausgebildet. Lars fängt bereits mit drei bis vier Jahren an zu lesen. Er verfügt mit 16 Jahren über eine Lesekompetenz, die deutlich höher ausfällt als diejenige von Eldar. Patrick schließlich begreift das Lesen nicht vor dem zehnten Lebensjahr, seine Lesekompetenz bleibt auch mit 16 Jahren niedrig. Weil die Entwicklung der Lesekompetenz bei diesen drei Jungen so unterschiedlich verläuft, setzt auch ihre Bereitschaft, sich mit Buchstaben zu befassen, unterschiedlich früh ein und bleibt in jedem Alter unterschiedlich groß.

Die Spannung zwischen dem aktuellen Entwicklungsstand der Lesekompetenz und dem Bedürfnis nach Erfahrungen nehmen wir beim Kind als Neugierde wahr. Das Kind wiederum erlebt den Abbau der Spannung beim Lesen als sogenannte Flow-Erfahrung: Es geht vollkommen in seiner Tätigkeit auf und erlebt dabei eine tiefe Befriedigung (Csikszentmihalyi 1990). Das Kind will nicht beliebige Leseerfahrungen machen, sondern idealerweise solche, die bezüglich Wortwahl und Wortschatz, Komplexität der Satzkonstruktion sowie inhaltlicher Aussagen leicht über seiner aktuellen Lesekompetenz liegen. Neugierde wird beim Kind am meisten geweckt, wenn Eltern und Lehrer ihm ein Angebot machen, das im Bereich seiner Lesekompetenz oder – noch besser – leicht darüberliegt. Je besser ein Kind lesen kann, desto weniger wichtig ist der Lesevorgang an sich, und desto bedeutsamer wird die inhaltliche Aussage des Textes. Anfänglich reizt das Kind vor allem die formale Herausforderung des Lesens, dann immer mehr der Inhalt des Gelesenen.

Viele Eltern und Lehrer setzen Kinder unter Druck, weil sie befürchten, ihr Kind schöpfe sein Potenzial nicht aus. Sie wollen keine Steigerungsmöglichkeit verpassen. Sie versuchen das Kind bestmöglich zu fördern und neigen deshalb dazu, es zu überfordern und somit seine Lernmotivation zu beeinträchtigen. Wenn ein Kind etwas Neues lernt, steigt seine Lernkurve anfänglich rasch an, das Kind lernt schnell, mit wenig Erfahrung. Je mehr das Entwicklungspotenzial ausgeschöpft ist, desto flacher wird die Lernkurve; schließlich bringt auch viel zusätzlicher Aufwand keine wesentliche Zunahme an Kompetenz. Über den Entwicklungsstand hinauszugehen führt zur

Überforderung. Es gibt verlässliche Anhaltspunkte, die das Erreichen der Fördergrenze anzeigen:

- Der Fortschritt verlangsamt sich nach einer Phase beschleunigter Entwicklung.
- Der Fortschritt nimmt trotz verstärktem Aufwand immer mehr ab und bleibt schließlich ganz aus (Überforderung).
- Das Kind wird zunehmend lustlos, und seine spontane Lernbereitschaft geht verloren.
- Die Lernbereitschaft kehrt zurück, wenn beim demotivierten Kind die Anforderungen an seinen Entwicklungsstand angepasst werden.

Die Neugierde ist der Motor für das Lernen. Sie bleibt dann aus, wenn ein Kind über- oder unterfordert wird. Die Lernmotivation wird dagegen gestärkt und das Selbstwertgefühl bestätigt, wenn Anforderungen und Kompetenz des Kindes so weit übereinstimmen, dass das Kind in seinen Lernbemühungen zumeist erfolgreich ist.

Grundsätzlich will jedes Kind lernen – aber auf seine Weise. Wenn ein Kind demotiviert ist, dann kann es dafür neben einer Über- oder Unterforderung weitere Ursachen geben. Eine wichtige ist ein beeinträchtigtes körperliches und psychisches Wohlbefinden. Ein krankes Kind zeigt wenig oder überhaupt keine Lernbereitschaft mehr – ebenso wie ein Kind, das sich nicht wohl fühlt, vereinsamt ist oder abgelehnt wird. Die Gründe dafür können in der Familie liegen, beispielsweise ausgelöst durch die Scheidung der Eltern, oder in der Schule, etwa als gestörte Beziehung zum Lehrer oder zu den Mitschülern.

Warum Kinder motorisch aktiv sein müssen

Alle Kinder wollen lernen. Dazu verhilft ihnen neben der Neugierde auch die motorische Aktivität. Die Neugierde motiviert sie, und der angeborene Bewegungsdrang versorgt sie mit Energie, um all die Erfahrungen zu machen, die sie für ihre Entwicklung benötigen. Doch dieser Drang wird von den meisten Erwachsenen nicht als eine biologische Notwendigkeit erkannt, sondern scheint sie vielmehr zu überfordern und zu ärgern.

Motorische Aktivität braucht das Kind, damit es lernt, seine Motorik zu beherrschen und an die physikalischen Gegebenheiten der Umwelt anzupassen. In den ersten 15 Lebensjahren reift das Zentralnervensystem, die Muskeln und das Skelettsystem wachsen, Körpergröße und Gewicht nehmen zu, und die Proportionen zwischen Extremitäten und Rumpf verändern sich ständig. Das Kind muss seine Motorik laufend neu kalibrieren, indem es die Sinneseindrücke, die es von den Augen und dem Gleichgewichtssinn, aber auch vom Tastsinn, den Muskeln und Gelenken erhält, mit der Motorik immer wieder neu in Übereinstimmung bringt. Läuft es über eine von Steinen und Sträuchern durchsetzte Wiese, muss es bei jedem Schritt seinen Körper im Gleichgewicht halten, damit es nicht hinfällt. Wenn es einen Stein aufheben und werfen, eine Blume pflücken oder eine Haselnussrute abreißen will, muss es seine Feinmotorik an die physikalischen Gegebenheiten des Objekts anpassen.

Die motorische Aktivität ist zudem für die geistige Entwicklung von großer Bedeutung. Nach Piaget (1975) rechnet man das Denken bis ins mittlere Schulalter der sogenannten konkret operationalen Periode zu. In dieser Entwicklungsphase wird das Denken von den konkreten Erfahrungen mit der gegenständlichen Umwelt bestimmt. Das Kind muss handeln, das heißt seine Motorik einsetzen, und dabei erleben, was es bewirken kann, um schließlich zu begreifen. Dadurch entsteht beispielsweise ein Verständnis für kausale Zusammenhänge oder für die Dreidimensionalität des Raumes.

Die Motorik spielt auch für das Sozialverhalten eine wichtige Rolle. Kinder drücken ihre Emotionalität und Befindlichkeit über die Motorik aus. Die Motorik hat wesentlichen Anteil an dem, was wir als Temperament bei einem Kind wahrnehmen. Fein- und grobmotorische Kompetenzen werden ausgedehnt und beim gemeinsamen Spiel mit anderen Kindern, insbesondere auch im Freien, eingesetzt.

Bewegung hält nicht zuletzt den Kreislauf in Schwung, fördert die Verdauung und reguliert den Schlaf-Wach-Rhythmus mit. Bewegung steigert in einer umfassenden Weise das körperliche und psychische Wohlbefinden. Regelmäßige, nicht nur sporadische motorische Aktivität trägt zur Regulation des Körpergewichts bei und beugt Übergewichtigkeit vor (Saris 1996).

Viele Erwachsene fühlen sich bereits durch die normale motorische Aktivität eines Kindes gestört und beklagen sich über seinen Bewegungsdrang, wenn es noch im Vorschulalter ist. Immer häufiger werden selbst Kleinkinder mit Ritalin (Amphetamin) behandelt. Eltern, Lehrer und Ärzte sind offensichtlich bereit, dem Kind eine potente Droge zu verabreichen, die dem Betäubungsmittelgesetz untersteht – um es ruhigzustellen. Sie nehmen in Kauf, dass Ritalin unter Umständen die motorische und vielleicht sogar die gesamte Entwicklung des Kindes beeinträchtigt.

Wie entwickelt sich die motorische Aktivität bei Kindern? Sie nimmt in den ersten Lebensjahren stark zu, erreicht im frühen Schulalter ein Maximum, um danach wieder abzunehmen (Grafik 6: Motorische Aktivität von 1 bis 15 Jahren). Mit sechs bis zehn Jahren sind Kinder am bewegungsfreudigsten, genau in dem Alter, in dem sie gefälligst ruhig auf der Schulbank sitzen sollen. Jungen sind in jedem Alter motorisch aktiver als Mädchen. Ganz erheblich ist das Ausmaß der interindividuellen Variabilität. Kinder mit einem großen Bewegungsdrang sind etwa dreimal aktiver als jene, die sich wenig bewegen. Im Erwachsenenalter nimmt die motorische Aktivität immer mehr ab, die große Variabilität bleibt aber bestehen. So gibt es 60-Jährige, die sich nur noch zwischen Küche, Wohn- und Schlafzimmer hin- und herbewegen, während sich weit ältere Senioren noch der Herausforderung eines Marathons stellen.

Bei dieser großen Variabilität kann es nicht mehr erstaunen: Den einen Kindern fällt es leicht, eine Schulstunde lang ruhig auf einem Stuhl zu sitzen, andere Kinder sind dazu nicht fähig, weil ihnen ihre hohe motorische Grundaktivität das Stillsitzen unmöglich macht. Man muss sich ernsthaft fragen, ob der Zwang, eine Schulstunde lang ruhig und aufrecht auf einem Stuhl zu sitzen, für gewisse Kinder nicht eine Form von Folter darstellt. Es gibt Lehrer, die ihren Schülern diese Überforderung ersparen, indem sie sie nach spätestens 20 Minuten Sitzen ein paar Minuten lang herumspringen lassen. In man-

Urheimat der Kinder: Wasser ...

chen Schulen sitzen die Jugendlichen nicht mehr, sondern stehen an Pulten. Die Lehrer berichten, dass die Kinder auf diese Weise konzentrierter arbeiten und die Unruhe in der Klasse geringer ist. Eine kindgerechte Schule respektiert das Bewegungsbedürfnis der Kinder und integriert es in den Unterricht.

Paradoxerweise ist in unserer Gesellschaft nicht nur der Bewegungsdrang ein Problem, sondern auch der Bewegungsmangel. Früher konnten Kinder ihre Bewegungsfreude viel besser ausleben als heute. Sie haben im Garten, auf der Straße oder im Wald gespielt. Mittlerweile sieht man dort immer mehr Verbotsschilder. Die Freiräume, in denen sich Kinder ohne Einschränkungen bewegen dürfen, sind sehr viel kleiner geworden, was wiederum den Druck auf die Familie und die Schule erhöht. Drastisch, aber durchaus realistisch ausge-

... und Wald

drückt: Wenn Kinder den ganzen Tag in einer Dreizimmerwohnung verbringen müssen, drehen manche durch – und oft auch ihre Mütter. Sehr häufig fehlen den Kindern die anderen Kinder. Sind sie mit anderen Kindern zusammen, bewegen sie sich fast zwangsläufig. Hinzu kommen die fehlenden oder falschen Vorbilder. Wenn die Eltern selbst täglich Stunden vor dem Fernseher verbringen, keinen Sport treiben und mit den Kindern nicht ins Freie gehen, dürfen sie nicht erwarten, dass ihre Kinder Freude an Bewegung haben. Eine Vorbildfunktion haben auch die Lehrer. Sie sollten den Schülern vorleben, dass Bewegung etwas Lustvolles und Wichtiges ist.

Eine Anregung für gestresste Eltern und Lehrer, die fast zwangsläufig von Erfolg gekrönt sein wird: Die Natur, insbesondere der Wald, ist ein Eldorado für bewegungsfreudige Kinder. Im Wald kann das Kind besonders viele visuelle, taktile und auditive Sinneserfahrungen machen und seine Motorik auf vielfältigste Weise einsetzen. Es ist doch sehr bemerkenswert: Kinder langweilen sich im Wald nie. Regen und Kälte machen ihnen erstaunlich wenig aus. Was macht die Natur für Kinder so faszinierend? Eine naheliegende Erklärung könnte sein: Unsere Motorik hat sich in den vergangenen 100 000 Jahren in der freien Natur entwickelt. Bis vor 200 Jahren sind Kinder in der freien Natur aufgewachsen, und nur wenige Menschen verbrachten den ganzen Tag in einem geschlossenen Raum, Kinder schon gar nicht. Mit unseren Lebensumständen und -gewohnheiten verlangen wir von unseren Kindern eine Anpassung, die manche einfach nicht leisten können. Sie werden motorisch wie auch sensorisch depriviert und allenfalls »hyperaktiv«, weil sie ihre motorische Energie nicht sinnvoll einsetzen können. Anstatt in Hilflosigkeit und Überforderung zu versinken, sollten wir Erwachsene uns zu der Einsicht durchringen: Kinder sind von Natur aus auf Bewegung angelegt. Und: Die Kinder wollen nicht irgendwelche motorischen Erfahrungen machen, sondern solche, die ihren Bedürfnissen entsprechen.

Wie Eltern und Lehrer Kinder beim Lernen unterstützen können

Erziehungsoptimisten gehen davon aus, jedes Kind könne beliebig gefördert werden und sein Entwicklungstempo sei nur eine Frage der Umweltanreize oder Ressourcen, die in ein Kind investiert werden. So boomen in den USA Kurse für Schwangere, in denen das ungeborene Kind mit klassischer Musik, vorzugsweise mit Mozart, beschallt wird. Mit sogenannten Hothousing- oder Treibhaus-Programmen versuchen Eltern ihre Kinder schon in den ersten Lebensjahren intensiv akademisch zu fördern. Eltern kaufen Spielsachen, die Form-, Farb- und Größenwahrnehmung der Kinder fördern sollen, und DVD-Lernprogramme mit bezeichnenden Titeln wie »Baby-Einstein« oder »Baby-Van Gogh«, um ihnen maximale schulische Chancen zu sichern.

Diese gigantischen Förderangebote dienen hauptsächlich dazu, elterliche Ängste für kommerzielle Zwecke auszubeuten. Die Kinder werden aber keineswegs klüger. Der sogenannte Mozart-Effekt wurde mit einem Artikel in der renommierten Zeitschrift *Nature* widerlegt, der den sinnigen Titel trug: »Mozart Doesn't Make you Clever.« (Abbott 2007) Es gibt keine Studie, welche die Wirksamkeit von »Hothousing« belegt. Vielmehr muss man sich fragen, ob derartige Programme nicht mehr schaden als nützen, denn im schlechtesten Fall zerstören sie die natürliche Lernmotivation und das Selbstwertgefühl des Kindes. Viele Erwachsene haben insgeheim die Befürchtung, das Kind werde nichts lernen ohne ihr maßgebliches Zutun. Doch dem ist nicht so. Das Kind entwickelt sich aus sich selbst heraus. Und so wird oft trotz der gut gemeinten, aber falschen Bemühungen der Erwachsenen etwas Gutes aus dem Kind. Eltern und Lehrer sollten sich vermehrt zurückhalten, um die kindliche Lernfreude nicht zu beschädigen, und mehr Vertrauen in ihre Kinder haben.

Die Schule leidet an einem ausgeprägten defizitorientierten Denken, das vor allem Ausdruck unserer Leistungs- und Wettbewerbsgesellschaft ist. Lernschwächen stellen für den Lehrer die Lernziele und gegebenenfalls ihn selbst in Frage und für die Eltern gar die Zukunft ihrer Kinder. So werden teilleistungsschwache Schüler – wie von Lehrern verlangt und von Eltern unterstützt – verschiedensten Fördermaßnahmen unterzogen. Defizite sollen möglichst früh erfasst und therapiert werden, mit dem Anspruch, auch behoben zu werden. Eine Legasthenie lässt sich aber nicht wegtherapieren. Es gibt nicht wenige Erwachsene mit einer Teilleistungsschwäche wie Legasthenie oder Dyskalkulie (Rechenschwäche), die während der Schulzeit durch Unterricht und Therapie so traumatisiert wurden, dass sie ein Leben lang darunter leiden. Eine falsch verstandene Therapie kann das Bewusstsein um diese Schwäche sogar verstärken. Was das Kind vielmehr braucht, ist eine Unterstützung, die ihm hilft, mit der Teilleistungsschwäche umzugehen und seine beschränkten Kompetenzen möglichst gut zu nutzen. Und es soll lernen, seine Leseschwäche zu akzeptieren. Dazu muss aber auch sein soziales Umfeld bereit sein, damit das Kind nicht zusätzlich verunsichert und sein Selbstwertgefühl möglichst wenig beeinträchtigt wird. Diese Argumentation sollte nicht in dem Sinne missverstanden werden, dass jegliche Form von Hilfeleistung zu unterlassen sei. Das Kind braucht Unterstützung, damit es lernt, mit der Teilleistungsschwäche möglichst gut umzugehen, aber keine Therapie, die den Anspruch hat, ein Defizit zu beheben und das Kind zu »normalisieren«.

Es gibt ein wunderbares afrikanisches Sprichwort, das diesen Aspekt der kindlichen Entwicklung auf den Punkt bringt: Das Gras wächst nicht schneller, wenn man daran zieht. Zieht man zu sehr daran, beschädigt man sogar seine Wurzeln. Ein Kind lässt sich nicht »machen«. Der Glaube, ein Kind entwickle sich umso erfolgreicher, je früher und intensiver es gefördert wird, basiert auf einem verhaltensbiologischen Irrtum. Ein Kind wird nicht umso größer, je mehr es gefüttert wird. Es wird lediglich dick. Genauso wenig entwickelt sich ein Kind schneller und besser, wenn es über seine Fähigkeiten hinaus »gefördert« wird. Das Kind entwickelt sich, solange sein körperliches und psychisches Wohlbefinden gewährleistet ist und es die notwendigen entwicklungsspezifischen Erfahrungen machen kann. In diesem Prozess ist das Kind nicht nur aktiv, sondern auch selektiv. Das heißt, es sucht sich diejenigen Erfahrungen aus, die an sein aktuelles Verständnis anknüpfen und es vergrößern.

Kinder sind von sich aus Weltmeister im Üben. Alle Kinder üben neu erworbene Fähigkeiten aus einem inneren Bedürfnis heraus, wie freies Gehen, selbstständiges Essen, Ballspielen oder Lesen. Dieser Antrieb entsteht wie die Neugierde aus der oben beschriebenen Spannung. Das vom Kind bestimmte Üben verläuft jedoch nicht monoton, sondern spielerisch variabel. Es dient dazu, Abläufe und Erfahrungen zu verinnerlichen und neue Fähigkeiten mit den bereits vorhandenen zu verbinden. Kinder wollen Erfahrungen machen, lustvoll und freiwillig, aber nur dann, wenn sie auf Grund ihrer Entwicklung das Bedürfnis danach haben und es selbstbestimmt tun dürfen. Wenn wir Kinder zum Üben zwingen, lernen sie nichts dabei. Wir können und müssen Lernangebote machen, sollten aber nicht insistieren, wenn das Kind kein Interesse zeigt. Kinder mögen es nicht, etwas zu üben, wofür sie noch nicht bereit sind oder aber was sie bereits beherrschen. Im ersten Fall ist die Spannung der Neugierde darauf noch nicht vorhanden, im zweiten ist sie bereits abgebaut.

Erwachsene verstehen unter Üben häufig monotones Wiederholen. Damit können Bewegungs- oder Handlungsabläufe beschleunigt werden, und mit Auswendiglernen kann Wissen vorübergehend aufgenommen werden. Beides führt aber nicht zum Begreifen. Üben und Auswendiglernen, welche sich nicht am Entwicklungsstand des Kindes orientieren, beeinträchtigen letztlich auch die Lernmotivation und das Selbstwertgefühl. Dies zu vermeiden und dem Kind stattdessen ein entwicklungsgerechtes Angebot zu machen ist pädagogisch anspruchsvoll. Auch ein Kind wie Patrick will mit zehn Jahren lesen, aber eben auf seine Weise, und er will ein Erfolgserlebnis (Grafik 5). Ist der Text zu anspruchsvoll, wird er sich verweigern. Geht das Kind spontan auf ein Angebot ein, liegt man damit richtig.

Für jedes Alter, vom Säugling bis zum Greis, gilt: »Erfolgreiches Lernen findet statt, wenn eingehende Information an bestehendes Wissen angebunden wird.« (Neubauer und Stern 2007) Wer weiß Bescheid über den Stand des Wissens und der Fähigkeiten eines Kindes? Nur das Kind selbst. Wir können es beobachten in seinem Neugierverhalten und in seiner Bereitschaft, bestimmte Erfahrungen zu machen. Das ist wiederum eine der großen pädagogischen Herausforderungen: das Kind richtig zu lesen, um herauszufinden, wo es steht und welche Erfahrungen es machen möchte. Wirkliches Verstehen bedeutet, dass das Kind nicht einfach Informationsklumpen memoriert, sondern sich Wissen und Fähigkeiten aneignet, die es mit seinem bestehenden Wissen vernetzen kann. Diese Vernetzung kann das Kind nur leisten, wenn es den Lernprozess selbst bestimmt. Es erweitert seinen Zahlenraum, indem es von seinem aktuellen Zahlenverständnis ausgehend mit Zahlen experimentiert und das neu erworbene Verständnis in seinen Zahlenraum einfügt. Wissen, das nur auswendig gelernt ist, und Fertigkeiten, die nur eingeübt, aber nicht mit bestehendem Wissen und Fähigkeiten verbunden wurden, gehen rasch wieder verloren, was leider in der Schule nur allzu oft geschieht.

Wir können ein Kind noch so lange antreiben und üben lassen, eine Fähigkeit oder ein Verständnis stellt sich erst dann ein, wenn das Kind in seiner Entwicklung so weit ist. Diese Feststellung gilt nicht nur für die ersten Lebensjahre, sondern für das gesamte Schulalter. Spielt das Kind selbstständig, sollten Erwachsene nicht eingreifen und das Kind anleiten, es sei denn, es bittet darum. Unterstützung sollte nicht darin bestehen, dass ein Lehrer, der permanente Überlegenheit ausstrahlt, Kindern Fertigkeiten und Wissen beibringt. Idealerweise gestaltet der Lehrer das Umfeld der Kinder und unterstützt sie in ihren Aktivitäten auf eine Art und Weise, die es ihnen ermöglicht, eigene Erfahrungen zu machen und selbstständig zu neuen Einsichten zu kommen. Das Kind sollte das Gefühl haben: Ich habe es allein geschafft. Eltern und Lehrer sollten sich so weit wie möglich zurücknehmen. Die Bereitschaft mancher Kinder, sich unterweisen zu lassen, ist erstaunlich groß, und darin besteht auch die Gefahr, diese zu missbrauchen und ihnen damit die Lust am Lernen zu nehmen.

Aufgabe der Eltern und Lehrer ist es, das Entwicklungspotenzial eines Kindes zu akzeptieren und die eigenen Erwartungen daran anzupassen. Für das Kind stellt eine solche Haltung der Erwachsenen eine große emotionale Entlastung dar und ist wesentlich für seine Entwicklung. Denn es gilt: Das Kind lernt nur, wenn es aus einem inneren Antrieb heraus dazu bereit ist.

Das Kind als einzigartiges Wesen

> »Ein Missstand besteht darin, dass die Schulmeister mit ein
> und demselben Unterrichtsstoff und nach ein und demsel-
> ben Maß eine Vielzahl junger Geister von unterschiedlichen
> Maßen und Begabungen unter ihre Fuchtel nehmen (…).
>
> Daher kommt es, dass man, wenn man den Weg für die
> Kinder nicht richtig gewählt hat, häufig Jahre darauf ver-
> wendet und sich dennoch vergeblich abmüht, sie zu Dingen zu
> erziehen, in denen sie nicht Fuß fassen können (…).
>
> Empfindungsweise und Seelenstärke der Menschen sind
> verschieden. Man muss sie daher ihrer Wesensart gemäß auch
> auf verschiedenen Wegen zu ihrem Besten führen.«
> LES ESSAIS DE MICHEL DE MONTAIGNE (1533–1592)

Michel de Montaigne überliefert uns keine neue Erkenntnis. Die Einsicht, dass Menschen sehr verschieden sind, ist wahrscheinlich weit älter als 500 Jahre und hat wohl bereits die griechischen Denker zum Grübeln gebracht. Dennoch sind wir noch immer nicht bereit zu akzeptieren, dass jedes Kind ein einzigartiges Wesen ist und ihm deshalb Normvorstellungen weder in der Familie noch in der Schule gerecht werden können. In diesem Kapitel wollen wir den folgenden Fragen nachgehen: Wie groß ist die Vielfalt unter Kindern, und wie entsteht sie? Wie sollen wir damit umgehen?

Wenn Kinder auf die Welt kommen, sind sie bereits sehr verschieden. Neugeborene sind unterschiedlich groß und schwer. Einige wiegen weniger als drei Kilogramm, andere bringen mehr als vier Kilogramm Geburtsgewicht auf die Waage. Sie unterscheiden sich voneinander in ihrem mimischen Ausdruck, im Schreien und in ihrem Bewegungsverhalten. Im Laufe der Entwicklung nehmen die Unterschiede zwischen den Kindern immer mehr zu. Am Ende des ersten Lebensjahres sind manche Kinder acht, andere bis zu 13 Kilogramm schwer. Frühestens machen Kinder die ersten Schritte mit zehn Monaten, die meisten mit zwölf bis 16 und einige nicht vor 20 Monaten. Das eine Kind spricht erste Wörter gegen Ende des ersten Lebensjahres, die meisten Kinder mit 15 bis 24 Monaten, und bei manchen lassen die ersten Wörter bis zum 30. Monat auf sich warten. Es gibt kein Verhalten, das bei allen Kindern im selben Alter auftritt und gleich ausgeprägt wäre.

Hat eine Lehrerin eine erste Klasse mit 20 siebenjährigen Kindern vor sich, besteht die Herausforderung darin, dass sich die Kinder in ihrem Entwicklungsalter um mindestens drei Jahre unterscheiden. Es gibt Kinder, die mit sieben Jahren ein Entwicklungsalter von acht bis neun Jahren haben und bereits lesen können. Andere mit einem Entwicklungsalter von fünf bis sechs Jahren sind noch weit davon entfernt. Bis zur Oberstufe nehmen die Unterschiede zwischen den Kindern noch einmal deutlich zu. Mit 13 Jahren variiert das Entwicklungsalter von zehn bis 16 Jahren zwischen den am weitesten entwickelten Kindern und jenen, die sich am langsamsten ent-

wickeln. Hinzu kommt, dass Jungen als Gruppe mit 13 Jahren im Mittel um eineinhalb Jahre in ihrer Entwicklung hinter den Mädchen zurückliegen (Grafik 7: »Vielfalt des Entwicklungsalters«).

Diese große Vielfalt unter Kindern entsteht, weil die Entwicklungsmerkmale von Kind zu Kind in verschiedenem Alter auftreten und unterschiedlich ausgeprägt sind. Vielfalt kommt ausnahmslos bei allen Lebewesen vor, bei Einzellern und Bakterien ebenso wie bei allen Pflanzen und Tieren.

Vielfalt gibt es nicht nur unter Kindern, sondern auch im Kind selbst. Eltern und Lehrer wundern sich immer wieder, wie unterschiedlich ausgeprägt einzelne Begabungen bei einem Kind sein können. Diese sogenannte intraindividuelle Variabilität führt dazu, dass jedes Kind, aber auch jeder Erwachsene sein ihm eigenes Profil von Begabungen aufweist. Ein Kind, bei dem alle Begabungen gleichermaßen entwickelt sind, ist äußerst selten. Bei der großen Mehrheit der Kinder sind die Fähigkeiten unterschiedlich ausgebildet. So gibt es unter Schulkindern solche, deren Stärke in den Sprachen liegt, andere, die im mathematisch-logischen Denken besonders gut sind, und wieder andere sind musikalisch oder motorisch begabt. Genauso können Stärken unterschiedlich mit Schwächen gepaart sein. Wenn Eltern und Lehrer Kindern gerecht werden wollen, müssen sie sich auf jedes einzelne Kind, seinen Kompetenzen und der Lernsituation gemäß, individuell einstellen. Dies ist eine hohe Anforderung, der wir als Eltern und Lehrer nicht immer genügen können. Dennoch sollten wir uns immer wieder darum bemühen.

Warum Kinder so verschieden sind

Unsere Haltung dem Kind gegenüber ist eine andere, wenn wir davon ausgehen, dass die Fähigkeit zu lesen bei jedem Kind anders angelegt ist und unterschiedlich rasch heranreift, als wenn wir annehmen, jedes Kind könne mit sieben Jahren lesen oder durch möglichst frühe und intensive Erfahrungen mit dem Alphabet vorzeitig zum Lesen gebracht werden. Es ist daher wichtig zu wissen, wie Anlage und Umwelt die Entwicklung eines Kindes bestimmen. Dabei geht es nicht nur um die Vorstellungen, die wir uns von der kindlichen Entwicklung machen, sondern auch um die Rolle, die wir uns als Eltern und Lehrer dabei zuschreiben.

Unter Anlage werden heute zumeist die Gene verstanden. Die Gene allein erklären das Wunder »Mensch« jedoch nicht. Die Gesamtzahl der Gene, das sogenannte Genom, ist beim Menschen weit weniger groß, als man ursprünglich annahm. Selbst niedrige Tiere wie gewisse Reptilien haben fast vergleichbar viele Gene wie der Mensch. Mit den Schimpansen haben wir mindestens 98,5 Prozent der Gene gemeinsam, fühlen uns aber doch recht verschieden. An den Genen allein kann es also nicht liegen. Es ist vielmehr das Zusammenspiel der Gene, das den großen Unterschied bewirkt. Gene sind wie Balletttänzer in einem Ensemble. Die Anzahl der Tänzer und Tänzerinnen macht nicht die Güte eines Balletts aus. Und man kann auch kaum allein auf Grund von Größe und Zusammensetzung der Truppe erahnen, welches Stück sie wie inszenieren wird. Erst wenn sich die Tänzer und Tänzerinnen bewegen, miteinander interagieren, Szenen darstellen und eine

Stimmung erzeugen, entsteht eine Ballettaufführung. Dazu bedarf es einer Choreografie, die jeden Einsatz der Tänzer und Tänzerinnen während der ganzen Auffführung minutiös vorgibt. Und so ist es auch mit den Genen. Sie erhalten erst dann ihre Bedeutung, wenn sie aktiv werden, miteinander interagieren, und all dies nach einem hochkomplexen, zeitlich streng festgelegten Programm. Wir kennen zwar die Gene, verfügen aber nur über ein minimales Wissen darüber, wie die unzähligen Interaktionen zwischen ihnen ablaufen. Es wird noch viele Jahre dauern, falls es überhaupt je gelingen sollte, bis wir diese hochkomplexen Vorgänge verstehen werden. Die Anlage ist also weit mehr als nur der Ausdruck der Gene; sie ist das Produkt einer Entwicklung, die nicht nur ein bis zwei Stunden dauert wie eine Ballettaufführung, sondern über neun lange Schwangerschaftsmonate hinweg, in denen sich ein lebensfähiges Kind entwickelt.

Ein Kind kann sein angelegtes Wachstumspotenzial nur dann realisieren, wenn die Lebensbedingungen dies auch erlauben, das heißt, wenn es ausreichend ernährt wird, unter guten hygienischen Bedingungen aufwächst und nie ernsthaft über längere Zeit krank ist. Diese Voraussetzungen sind heute für die meisten Kinder in Mitteleuropa gegeben. Früher sah das anders aus. Im 19. Jahrhundert und in der ersten Hälfte des 20. Jahrhunderts litt die Bevölkerung unter Hungersnöten und schweren Infektionskrankheiten wie Tuberkulose. Die Menschen waren deshalb im Mittel zehn bis 15 Zentimeter kleiner als heute. Durch die stete Verbesserung der Lebensbedingungen wurden sie von Generation zu Generation größer. Die Zunahme der Körpergröße vollzog sich dabei in den bessergestellten sozialen Schichten rascher als in den benachteiligten Schichten. Sie hat aber in den letzten 30 Jahren alle sozialen Schichten erreicht. Diese Entwicklung, der sogenannte säkulare Trend (Van Wieringen 1986), ist bei uns mehrheitlich zum Abschluss gekommen. Mit anderen Worten, das Wachstumspotenzial ist in der hiesigen Bevölkerung weitgehend verwirklicht. Die nach wie vor großen Unterschiede in der Körpergröße sind vor allem durch individuell unterschiedliche Anlagen bedingt.

Die jeweilige Anlage schafft also die Voraussetzungen für die Entwicklung und legt das Optimum fest, das ein Kind erreichen kann. Die Umweltbedingungen bestimmen, wie viel von dieser Anlage realisiert werden kann. Die individuellen Begabungen werden folglich durch die Anlage begrenzt und können auch unter optimalen Lebensbedingungen nicht über diese hinauswachsen.

Eine Art säkularer Trend wie für die Körpergröße wurde auch für den Intelligenzquotienten beobachtet. Der neuseeländische Politologe James R. Flynn wies in den Gesellschaften der hoch industrialisierten Länder eine mittlere Zunahme von drei IQ-Punkten pro Jahrzehnt bis in die 1980er Jahre nach (Flynn 1984). In den Niederlanden betrug die Zunahme zwischen 1952 und 1982 sogar sieben IQ-Punkte pro Dekade. Dieser sogenannte Flynn-Effekt wird auf verschiedene Ursachen zurückgeführt: verbesserte Ernährung und medizinische Versorgung, weniger Kinder in einer Familie und dadurch größere Aufmerksamkeit für das einzelne Kind und seine Bedürfnisse sowie Zunahme der visuellen Medienerfahrung. Für Letzteres spricht, dass der Anstieg des IQ vor allem den nicht sprachlichen, figural-räumlichen Fähigkeiten zuzuschreiben ist. Ein weiterer wesentlicher Faktor war wohl auch die Verbesserung des Schulwesens, die bis dahin benachteiligten Kindern eine bessere Bildung ermöglichte. So war bei Kindern mit hohem IQ in den letzten 20 Jahren kein Flynn-Effekt mehr nachzuweisen, sehr wohl aber bei Kindern mit einem niedrigeren IQ, was wiederum den durchschnittlichen IQ der ganzen Bevölkerung angehoben hat (Kanaya et al. 2003). Trendmeldungen zeigen, dass die Zunahme des IQ, vor allem in der Ober- und Mittelschicht, im Verlauf der 1990er Jahre zum Erliegen gekommen ist, zumindest in Dänemark, Deutschland, Frankreich, Großbritannien, Österreich und der Schweiz (Teasdale und Owen 2005).

Wie unterschiedlich der jeweilige Bildungsstand zwischen Ländern sein kann, zeigen die Resultate der PISA-Studien. In Grafik 8 ist die Lesekompetenz bei 15-jährigen Schülern in fünf Ländern dargestellt (PISA-Studie 2006). Vergleicht man deren Mittelwerte (dicke Striche), stellt man fest: Schüler in Finnland erbringen eine bessere mittlere Leistung als Schüler in der Schweiz, in Deutschland und Österreich sowie eine deutlich bessere als Schüler in Mexiko. Besonders beachtenswert ist jedoch die Ausdehnung der Balken. Finnland weist den kürzesten Balken auf, das heißt, es verfügt über mehr Schüler, die sehr gut lesen, und über weniger Schüler mit einer sehr niedrigen Lesekompetenz. Die Balken für Deutschland, Österreich und die Schweiz sind deutlich länger. In allen drei Ländern gibt es auch Schüler, die sehr gut lesen können, aber deutlich mehr Schüler mit einer niedrigeren Lesekompetenz als in Finnland.

Folgendes können wir daraus ableiten:

- Je besser das schulische Angebot, desto höher ist die mittlere Lesekompetenz, und umso mehr gute Schüler gibt es (Finnland > Schweiz > Deutschland > Österreich > Mexiko).
- Je schlechter das schulische Angebot, desto niedriger ist die mittlere Lesekompetenz, und desto mehr Schüler können kaum oder gar nicht lesen.
- Selbst Finnland gelingt es nicht, bei allen Schülern eine gute bis hohe Lesekompetenz zu erreichen. Auch dort verfügt eine Gruppe von Schülern nur über eine geringe oder gar fehlende Lesekompetenz. Die Streubreite variiert also auch in Finnland zwischen sehr hoher bis fehlender Lesekompetenz. Selbst in einem qualitativ sehr guten Bildungssystem wie dem finnischen, welches das Entwicklungspotenzial der Bevölkerung wahrscheinlich weitgehend ausschöpft, bleibt eine große interindividuelle Variabilität der Kompetenz bestehen.

Vergleichbare Resultate wurden im Rahmen der PISA-Studien auch für andere Kompetenzen wie mathematisches Denken, Problemlösungsverhalten oder naturwissenschaftliches Denken erhoben (PISA 2003, 2006).

Die Umwelt erklärt also je nach Bildungsstand der Bevölkerung einen unterschiedlich großen Anteil der Vielfalt unter Kindern. Dieser umweltabhängige Anteil ist umso größer, je schlechter die Entwicklungsbedingungen sind. So wirken sich die ungünstigen Entwicklungsbedingungen in bildungsfernen

Familien, die häufig als Heterogenität sozialer, kultureller und religiöser Faktoren bezeichnet werden, besonders nachteilig auf die Schulkarriere der betroffenen Kinder aus. Bei einem bildungsnahen Hintergrund wird das Entwicklungspotenzial weitgehend ausgeschöpft, und der Anteil der Umwelt an der Vielfalt macht sich nur noch marginal bemerkbar. Doch selbst wenn alle Kinder unter gleich guten sozialen, kulturellen und religiösen Bedingungen aufwachsen, entwickeln sie sich immer noch sehr verschieden, weil ihre individuellen Veranlagungen unterschiedlich sind. Das heißt, ein entscheidender Anteil an der Vielfalt unter Kindern liegt in ihnen selbst. So sind Eltern immer wieder erstaunt, wie ungleich sich Geschwister und selbst Zwillinge bei gleicher Erziehung entwickeln können.

Chancengerechtigkeit, im Sinne von gleich guten Entwicklungsbedingungen, wird also auch unter optimalen Bedingungen nicht zu einer Gleichheit in den Kompetenzen bei Kindern führen. Das Kind ist aber dennoch ein von der Umwelt extrem abhängiges Wesen: Wenn ihm seine Umwelt die notwendigen Erfahrungen vorenthält, kann es sich nicht seiner Anlage entsprechend entwickeln. Mit mehr Chancengerechtigkeit soll daher jedes Kind die Möglichkeit erhalten, sein individuelles Entwicklungspotenzial besser zu verwirklichen. Je besser die sozioökonomischen Lebensbedingungen sind und je höher die Qualität des Bildungssystems in einer Gesellschaft ist, desto mehr Kinder können ihr Entwicklungspotenzial realisieren, und desto mehr Erwachsene lassen sich sozial und beruflich in die Gesellschaft integrieren. Die Gesellschaft muss aber auch bereit sein, zu akzeptieren und sich darauf einzustellen, dass selbst bei Chancengerechtigkeit immer noch eine große Variabilität zwischen den Menschen bestehen bleibt.

Die Schule ist eines der größten Experimente in der Menschheitsgeschichte: Millionen von Kindern werden mindestens neun Jahre lang auf die gleiche Weise unterrichtet. Wenn sie die Schule verlassen, sind sie dennoch verschiedener denn je. Offensichtlich setzen sich – Lehrplan hin oder her – die individuellen Fähigkeiten und Verhaltenseigenschaften im Verlauf der Entwicklung immer mehr durch. Sandra Scarr (1992) hat ein Erklärungsmodell für dieses Phänomen vorgeschlagen, dessen Stärke darin besteht, dass es sich durch Studienresultate bestätigen lässt, im Erziehungs- und Schulalltag nachvollziehbar ist und sich unmittelbar auf die Art und Weise auswirkt, wie wir mit dem Kind umgehen.

Das Modell geht von folgender Annahme aus:

- Das Kind ist aktiv: Es entwickelt sich aus sich heraus.
- Das Kind ist selektiv: Es sucht sich diejenigen Erfahrungen, die seinem gegenwärtigen Entwicklungsstand entsprechen.
- Das Kind beeinflusst mit seiner Persönlichkeit und seinem Verhalten seine soziale Umgebung, was sich wiederum darauf auswirkt, welche Erfahrungen es machen kann.

Das Kind ist kein Gefäß, das sich mit beliebigem Inhalt füllen lässt. Vielmehr sucht es aktiv jene Erfahrungen, die es braucht, um sich zu entwickeln. Eltern und Lehrer haben nur geringen Einfluss darauf, welche Erfahrungen ein Kind verinnerlicht. Die enorm wichtige Aufgabe von Eltern und Lehrern besteht darin, für möglichst gute Rahmenbedingungen zu sorgen, damit das Kind die für seine Entwicklung notwendigen Erfahrungen machen kann, und es in seinen Lernbemühungen zu unterstützen. So geben sie dem Kind eine Lektüre, die seiner Kompetenz möglichst gut entspricht und deshalb Leseerfolg und Spaß mit sich bringt, um nur ein kleines Beispiel zu nennen.

Eltern und Lehrer können und sollten darauf vertrauen, dass sich das Kind entwickeln will. Sie haben aber die Verantwortung, für entwicklungsgerechte Erfahrungen zu sorgen. Wenn es darum geht, den Erlebnisraum des Kindes zu gestalten, sind Kenntnisse über die kindliche Entwicklung bedeutsam. Es ist deshalb für die pädagogische Kompetenz von Lehrern außerordentlich wichtig, dass ihnen in der Ausbildung ausreichende Kenntnisse über die kindliche Entwicklung vermittelt werden und dass sie mit dem kindlichen Verhalten und den Gesetzmäßigkeiten der Entwicklung vertraut gemacht werden. Es gibt ja nichts Spannenderes für einen Lehrer, als herauszufinden, woran ein Kind wirklich interessiert ist. Wenn er ihm dann das richtige Erfahrungsangebot machen kann und dieses vom Kind auch angenommen wird, ist dies eine sehr befriedigende Erfahrung. Im Lauf der Schuljahre muss der Lehrer die Anforderungen, die er an das Kind stellt, immer wieder neu an dessen Bedürfnisse anpassen. Je älter das Kind wird, desto größer und komplexer wird der Erfahrungsraum, nach dem es verlangt.

In den ersten Jahren werden die Erfahrungen, die ein Kind machen kann, in einem hohen Maß durch die Eltern bestimmt. Je älter das Kind wird, desto mehr Erfahrungen macht es außerhalb der Familie und orientiert sich immer mehr an anderen Bezugspersonen, insbesondere an anderen Kindern und deren Umgebung. Im Jugendalter schließlich bleiben den Eltern nur noch wenige Einflussmöglichkeiten. Dann sind es die Schule und vor allem die Peers, also die gleichaltrigen Freunde, welche die Erfahrungen eines Jugendlichen mitbestimmen (Harris 2000). Dabei verhält sich der Jugendliche nicht passiv. Er geht vielmehr selektiv vor und wählt seinen Stärken, Neigungen und Bedürfnissen entsprechend Peers und Erfahrungen aus. Dabei kann es geschehen, dass er sich in seinen Interessen und Tätigkeiten kaum oder aber sehr weit von seinen Eltern entfernt.

Weshalb Normvorstellungen das Erziehen schwer machen

Alle Entwicklungsstadien und Verhaltensweisen erscheinen von Kind zu Kind in unterschiedlichem Alter und sind verschieden ausgeprägt. Jedes Kind ist auf seine Weise einzigartig. Wie können sich Eltern auf die individuellen Eigenheiten und Bedürfnisse ihres Kindes einstellen?

Vieles, was Eltern tun, geschieht, ohne dass sie ihr Handeln bewusst planen. Sie erfassen das Verhalten ihres Kindes intuitiv richtig. Wenn eine Mutter ihr Kind vom Bettchen aufnimmt, es in den Armen hält und durch Wiegen beruhigt, passt sie sich diesem instinktiv an. Sie spürt, wie rasch sie es aufnehmen darf, in welcher Haltung es sich am wohlsten fühlt und wie sie es am leichtesten beruhigen kann. Ohne diese angeborene Fähigkeit, das Verhalten eines Kindes zu deuten und sinnvoll darauf zu reagieren, könnten Eltern ihre Kinder gar nicht großziehen.

Neben der Intuition spielen die eigenen Kindheitserfahrungen eine wesentliche Rolle. Wie sich Eltern als Kinder gefühlt und wie sie ihre eigenen Eltern erlebt haben, beeinflusst wiederum ihr Erziehungsverhalten. Dieses wird schließlich, je älter das Kind wird, zunehmend von überlieferten Grundhaltungen und Normvorstellungen bestimmt. Letztere übernehmen die Eltern in Gesprächen mit Fachleuten, Verwandten und Bekannten oder aus den Medien; sie verunsichern und wecken oft falsche Erwartungen. Wie können sich Eltern von Normvorstellungen, überlieferten Grundhaltungen und fest gefügten Ratgeberkonzepten lösen? Wie gelingt es ihnen, sich am aktuellen Entwicklungsstand und den individuellen Bedürfnissen ihres Kindes zu orientieren? Im Folgenden soll am Umgang mit Schlafstörungen und an der Sauberkeitserziehung deutlich gemacht werden, worauf es ankommt.

Die häufigste Verhaltensauffälligkeit im Kindesalter sind Schlafstörungen. 20 bis 30 Prozent der Kinder haben Mühe einzuschlafen oder wachen nachts ein- bis mehrmals auf. Wenn Kinder schlecht schlafen, gibt es dafür verschiedene Gründe, der häufigste aber sind falsche Normvorstellungen. Die Eltern gehen beispielsweise davon aus, dass ihre einjährige Tochter zwölf Stunden Schlaf pro Nacht benötigt. Wenn Anna aber nur zehn Stunden Schlaf braucht, schläft sie abends nicht ein, wacht nachts auf und ist am Morgen für die Eltern zu früh wach. Wir haben es also mit einer fehlenden Überein-

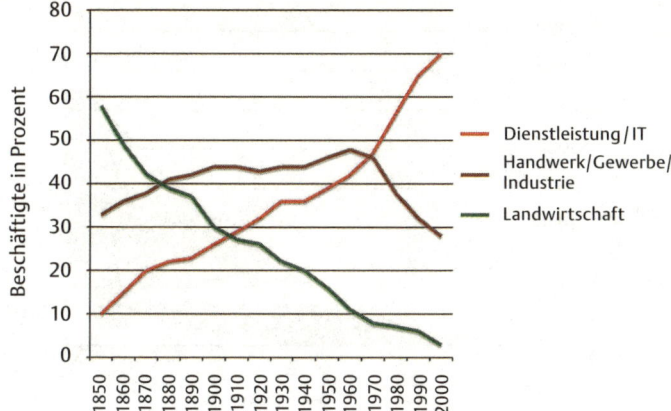

Grafik 1: Entwicklung der Erwerbstätigkeit in den drei großen Wirtschaftssektoren von 1850 bis 2000. Anteil der Beschäftigten an der Schweizer Gesamtwirtschaft wird in Prozent angegeben. In Deutschland und Österreich verlief die Entwicklung der Erwerbstätigkeit im Wesentlichen gleich.

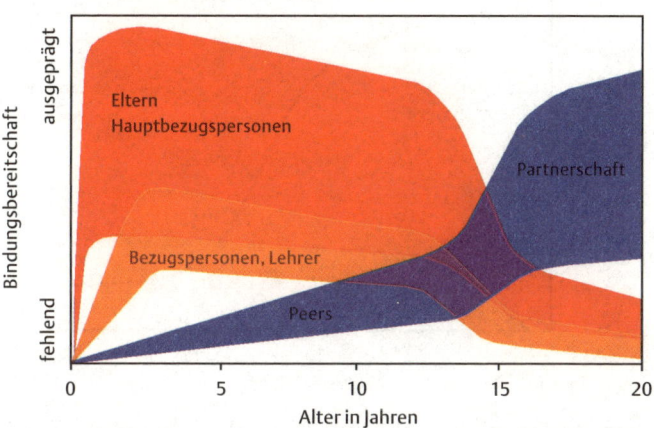

Grafik 2: Entwicklung des Bindungsverhaltens. Die Bindungsbereitschaft für Bezugspersonen ist in den ersten Lebensjahren am höchsten und nimmt danach langsam ab. Sie schwindet weitgehend im Verlauf der Pubertät, während die Bindungsbereitschaft zu den Peers stark zunimmt. Die Flächen bezeichnen die interindividuelle Variabilität der Bindungsbereitschaft.

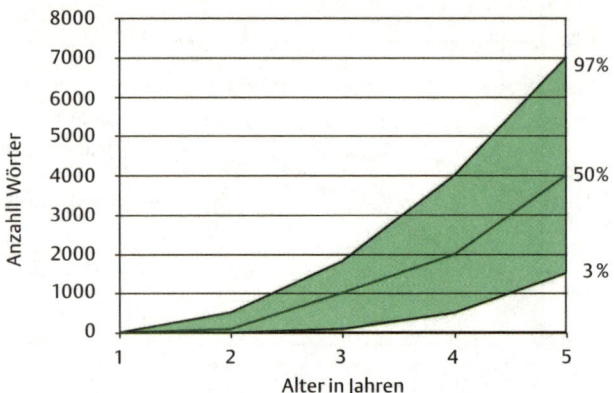

Grafik 3: Entwicklung des Wortschatzes zwischen 2 und 5 Jahren.
50 % entspricht dem Mittelwert; 3 % der Kinder liegen über 97 % bzw. unter 3 % (Angaben aus verschiedenen Quellen).

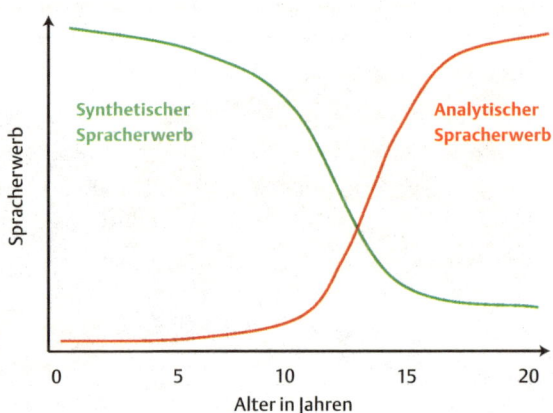

Grafik 4: Formen des Spracherwerbs. Synthetisch: Das Kind eignet sich eine Sprache unbewusst an, indem es Gehörtes mit den Erfahrungen verbindet, die es mit Personen, Gegenständen und Handlungen macht. Analytisch: Der Erwachsene eignet sich Sprache bewusst an, indem er Wortschatz und formale Elemente der Sprache wie Grammatik und Syntax auswendig lernt.

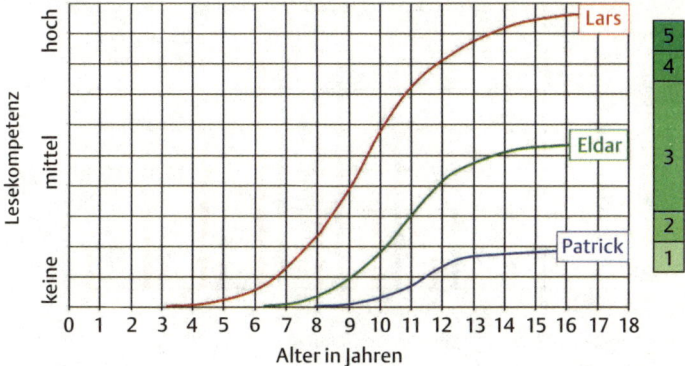

Grafik 5: Entwicklung der Lesekompetenz bei drei Jungen. Grüne Säule: Lesekompetenz im Alter von 15 Jahren (PISA-Studie 2006). 1 entspricht einer sehr niedrigen, 3 einer mittleren und 5 einer sehr hohen Lesekompetenz.

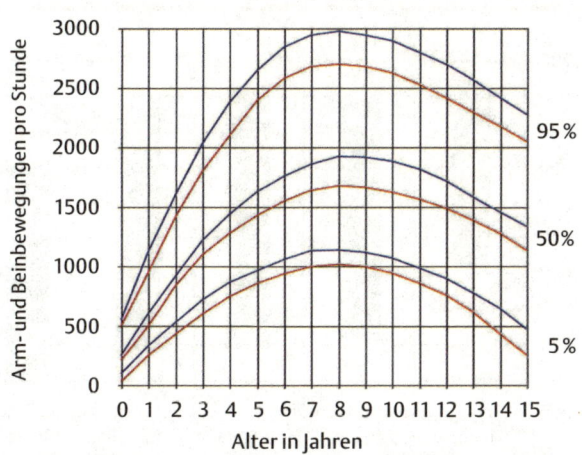

Grafik 6: Motorische Aktivität von 1 bis 15 Jahren. Die Häufigkeit von Arm- und Beinbewegungen wurde mit einem Actometer objektiv erfasst. Rot: Mädchen, blau: Jungen. 50 % entspricht dem Mittelwert; 5 % der Kinder liegen über 95 % bzw. unter 5 % (modifiziert nach Eaton 2001).

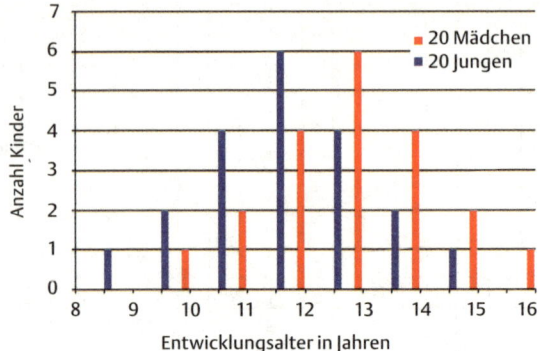

Grafik 7: Variabilität des Entwicklungsalters bei 20 Jungen und 20 Mädchen im chronologischen Alter von 13 Jahren. Ein Entwicklungsalter von neun Jahren bedeutet beispielsweise, dass ein 13-jähriges Kind erst über die durchschnittliche Lesekompetenz eines neunjährigen Kindes verfügt (schematische Darstellung).

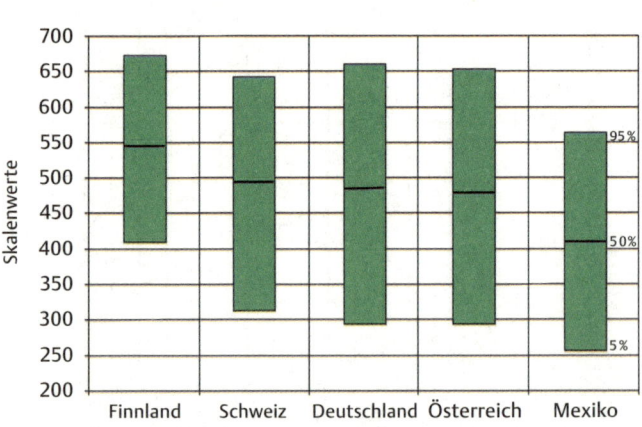

Grafik 8: Lesekompetenz im Alter von 15 Jahren in Finnland, Deutschland, Mexiko, Österreich und der Schweiz. 50 % bezeichnet den Mittelwert; je 5 % der Jugendlichen liegen über 95 % bzw. unter 5 % (PISA-Studien 2006).

stimmung zwischen den elterlichen Vorstellungen und dem kindlichen Verhalten zu tun.

Annas Eltern gehen davon aus, dass der Schlafbedarf für alle Kinder in einem bestimmten Alter gleich ist. Er ist jedoch vom Säuglings- bis ins Erwachsenenalter von Mensch zu Mensch sehr unterschiedlich. Die meisten Säuglinge schlafen 14 bis 18 von 24 Stunden. Einige Säuglinge kommen mit zwölf bis 14 Stunden aus, andere schlafen bis zu 20 Stunden. Im Alter von einem Jahr benötigen Kinder im Durchschnitt zwölf Stunden Schlaf pro Tag. Manche Kinder schlafen bis zu 14 Stunden, was deren Eltern freut. Andere schlafen aber lediglich neun bis zwölf Stunden. Mit zunehmendem Alter nimmt die Schlafdauer ab, der individuelle Schlafbedarf bleibt aber sehr unterschiedlich. So benötigen die meisten Erwachsenen sieben bis acht Stunden Schlaf. Es gibt jedoch auch solche, die bis zu acht und zehn Stunden pro Nacht schlafen, anderen reichen vier bis sechs Stunden.

Erwachsene und Kinder können nicht über ihren biologisch vorgegebenen Schlafbedarf hinaus schlafen. Ein Kind, das nur zehn Stunden Schlaf pro Nacht braucht, entwickelt sich nicht besser, wenn es zwölf Stunden im Bett liegen muss. Wenn die Eltern Anna nur so viele Stunden im Bett belassen, wie sie auch schlafen kann, wird sie nachts nicht mehr aufwachen, und auch die Eltern können durchschlafen. Anna bestimmt also, wie lange sie schlafen kann. Die Eltern bestimmen, wann Anna zu Bett gebracht wird beziehungsweise aufsteht. Sie können aber aus Anna keine Langschläferin machen.

Bedenkenswert ist ferner die folgende Beziehung: Es kann für die Eltern angenehm sein, wenn ihr Kind tagsüber oft und lange schläft. Während es sein Nickerchen macht, lässt sich vieles ungestört erledigen. Die Sache hat aber einen Haken: Ein Kind, das tagsüber viel schläft, schläft nachts weniger, denn der Schlafbedarf eines Kindes ist eine feste Größe.

Ein weiterer Bereich, bei dem Normvorstellungen und der Versuch von Eltern, die individuelle Entwicklung des Kindes nach ihren Vorstellungen zu beeinflussen, häufig im Weg stehen, ist das Trocken- und Sauberwerden. Doch gerade bei der Blasen- und Darmkontrolle lohnt es sich für Eltern, auf die individuelle Entwicklung des Kindes einzugehen.

Wir haben im Rahmen der Zürcher Langzeitstudien (Largo et al. 2005) die folgenden Beobachtungen gemacht: In den 1950er Jahren nahmen Eltern das Sauberkeitstraining bereits in den ersten drei Lebensmonaten auf. Sie hielten ihr Kind über eine Windel, einen Topf oder die Toilette. Mit sechs Monaten setzten 32 Prozent der Eltern ihre Kinder regelmäßig auf den Topf, mit neun Monaten 64 und mit zwölf Monaten über 90 Prozent. Die Mütter erhofften sich von diesem frühen Beginn der Sauberkeitserziehung, dass die Kinder rascher trocken und sauber sein würden und ihnen damit das Windelwaschen möglichst bald erspart bliebe.

In den 1960er und 70er Jahren veränderte sich das elterliche Verhalten durch eine stärker kindorientierte Erziehungshaltung grundlegend. Zu dieser neuen Einstellung trug der technische Fortschritt maßgeblich bei. Bereits Wäscheschleuder und Waschmaschine hatten den Eltern das Windelwaschen erleichtert, der Durchbruch aber erfolgte durch die Wegwerfwindeln. In den 70er Jahren begannen die Eltern mit der Sauberkeitserziehung im Mittel 14 Monate später als in den 50er

Jahren. Diese Kinder gingen aber keineswegs später selbstständig auf die Toilette als die Kinder in den 50er Jahren. Die Datenanalyse der Zürcher Longitudinalstudien ergab, dass der riesige Aufwand der elterlichen Sauberkeitserziehung in den 50er Jahren nicht den erhofften Erfolg gebracht hatte. Obwohl die Kinder sehr früh und mehrmals am Tag auf den Topf gesetzt wurden, wurden sie nicht früher sauber und trocken als die Kinder in den 70er Jahren oder heute. Im Mittel wurden Kinder in den 50er Jahren 1300-mal mehr auf den Topf gesetzt als in den 70ern – ohne Erfolg.

Wie also soll eine kindorientierte Sauberkeitserziehung aussehen? Es gibt keinen für alle Kinder einzig richtigen Zeitpunkt, um mit der Sauberkeitserziehung zu beginnen. Die Mehrheit der Kinder wird irgendwann zwischen 18 Monaten und fünf Jahren trocken und sauber. Eltern sollen mit der Sauberkeitserziehung so lange zuwarten, bis ihr Kind von sich aus signalisiert, dass es sauber und trocken werden will. Wenn ihm der Drang, die Blase oder den Darm zu entleeren, bewusst wird, drückt es dies in seinem Verhalten aus: Es verzieht sein Gesicht und nimmt die charakteristische Körperhaltung ein, die auch wir zeigen, wenn wir ein dringendes Bedürfnis haben. Das Kind macht, falls es sich sprachlich ausreichend äußern kann, mit Worten darauf aufmerksam. Das bewusste Wahrnehmen der Blasen- und Darmentleerung ist eine notwendige Voraussetzung dafür, dass das Kind diese Körperfunktion willentlich kontrollieren und überhaupt trocken und sauber werden kann.

Die Eigeninitiative tritt frühestens zwischen zwölf und 18 Monaten, bei den meisten Kindern zwischen 18 und 36 Monaten auf. Sie spiegelt das Bedürfnis des Kindes wider, sauber und trocken zu werden; sodann vermag es dies innerhalb kürzester Zeit umzusetzen. Mädchen sind dabei in jedem Alter weiter fortgeschritten als Knaben, was dazu führt, dass sie von ihren Müttern auch etwas früher auf den Topf gesetzt werden.

Damit ein Kind trocken und sauber wird, braucht es aber kein Topftraining, sondern Vorbilder. Wenn seine Eigeninitiative erwacht, beginnt es Interesse an der Toilette zu zeigen. Es will dabei sein, wenn Eltern und Geschwister auf die Toilette gehen. Gibt ihm die Familie dazu Gelegenheit, kann es lernen, wie dieses Geschäft verrichtet wird. Kinder mit älteren Geschwistern haben es am leichtesten. Sie schauen sich bei ihnen das Verhalten auf der Toilette ab. Schwieriger wird es für ein Erstgeborenes, wenn ihm seine Eltern als Vorbilder nicht zur Verfügung stehen. Wenn sie die Toilettentür hinter sich schließen und ihrem Kind damit jede Möglichkeit zum Nachahmen nehmen, haben sie als »Preis« für ihre Diskretion einen unnötigen Mehraufwand zu leisten: Sie müssen dem Kind das Verhalten »anerziehen«.

Eltern haben neben der Vorbildfunktion noch eine weitere Aufgabe: Sie sollen ihr Kind in seinem Bestreben, selbstständig zu werden, unterstützen. In unserem Beispiel geht es um rein praktische Hilfestellungen: Das Kind soll sich ohne fremde Hilfe freimachen und seine Kleider auch wieder anziehen können. Am besten eignet sich dafür eine Hose mit einem elastischen Bund. Knöpfe, Reißverschlüsse und Träger behindern dagegen das Kind in seiner Selbstständigkeit. Manche Kinder wollen nicht auf den Topf gesetzt werden, sondern die Toilette benutzen, denn Eltern und Geschwister gehen schließlich auch nicht auf den Topf. Ein Kleinkind fühlt sich auf der großen Toilette aber oft unwohl, weil es Angst davor hat, hinein- oder nach vorne oder seitlich herunterzufallen. Wenn die Öffnung mit einem Ring verkleinert wird, das Kind seine Füße auf einem Schemel abstützen und sich seitlich festhalten kann, wird es entspannt sein Geschäft verrichten können.

Die Entwicklung der Blasenkontrolle zeigt exemplarisch, was eine kindgerechte Erziehung ausmacht: Das Kind bestimmt den Zeitpunkt, zu dem es sauber und trocken werden kann. Die Eltern unterstützen es durch ihr Vorbild und in praktischen Belangen. Das Kind wird auf diese Weise aus eigener Kraft selbstständig und mit einem guten Selbstwertgefühl belohnt: »Nicht die Eltern haben mich trocken und sauber gemacht, ich habe es selber geschafft.« Der Vorteil für die Eltern: So ist die Sauberkeitserziehung wenig oder überhaupt nicht aufwendig.

Zur Wiederholung: Bei einer kindorientierten Erziehung geht es darum, das Kind in seiner individuellen Entwicklung richtig zu erfassen und seine Bedürfnisse nach bestimmten Erfahrungen zu erfüllen.

Warum nur Individualisierung den Kindern gerecht wird

Wie unterschiedlich sich die Lesekompetenz entwickeln kann, haben uns Eldar, Lars und Patrick bereits gezeigt (Grafik 5). Nehmen wir an, Patrick, Eldar und Lars sind zehn Jahre alt und besuchen die gleiche Klasse. Nehmen wir zudem an, dass die Lehrerin nicht individualisiert unterrichtet, sondern sich – nach Lehrplan – am Durchschnitt der Klasse orientiert, zu dem Eldar gehört. Sie gibt der Klasse also einen Text, den Eldar gut lesen kann. Damit hat er ein Erfolgserlebnis. Nicht so Lars, der solche Texte bereits mit acht Jahren gelesen hat. Er langweilt sich und ist unterfordert. Er kann sich anpassen und sich ruhig verhalten, vielleicht ist er aber auch frustriert und wird verhaltensauffällig. Patrick wiederum ist hoffnungslos überfordert. Auch bei Patrick können sich Überforderung und Frustrationen in Form von Verhaltensauffälligkeiten oder psychosomatischen Symptomen äußern. Die Unterforderung bei Lars und die Überforderung bei Patrick wirken sich zusätzlich negativ aus, indem sie ihre Lernmotivation und ihr Selbstwertgefühl beeinträchtigen.

Ein Eingehen auf die Vielfalt unter den Kindern wird immer wieder als pädagogische Überforderung dargestellt. Wer die Vielfalt negiert, weil er glaubt, individualisierter Unterricht sei nicht realisierbar, der hat als Pädagoge kapituliert, damit aber die Vielfalt unter den Kindern nicht aus der Welt geschafft. Wenn in einer zweiten Klasse an der Grund- oder Primarschule das eine Kind nur bis zehn zählen kann und das andere bereits bis 100 und mehr oder wenn das eine Kind

Bücher liest und das andere noch nicht einmal das ganze Alphabet beherrscht, dann kann man nicht einfach so tun, als gäbe es diese Unterschiede nicht. Wenn im Alter von 15 Jahren zehn bis 20 Prozent der Jugendlichen eine Lesekompetenz aufweisen, die der vierten bis fünften Klasse entspricht, kann die Vielfalt in der Entwicklung der Kinder nicht mehr ignoriert werden.

Das Kind kommt als ein einzigartiges Wesen auf die Welt und beginnt sich spätestens mit zwei Jahren seiner Einzigartigkeit bewusst zu werden. Seine individuellen Fähigkeiten und Verhaltenseigenschaften setzen sich im Laufe der Kindheit immer mehr durch. Eltern und Lehrer haben die große Aufgabe, das Kind so anzunehmen, wie es ist, sowie seine Individualität und Persönlichkeit von klein auf zu respektieren.

TEIL II

Bildung und Erziehung kindgerecht

Die Grundlagen der Erziehung

Die Generation der 16- bis 29-Jährigen schätzt ihre Kindheit deutlich positiver ein als ihre Elterngeneration: Sie fühlten sich als Kinder glücklicher, erhielten mehr Aufmerksamkeit, wurden stärker gefördert und verfügten über größere Selbstständigkeit (Allensbach 2009). Eltern von Kindern unter 16 Jahren wünschen sich, dass ihre Kinder ein gutes Selbstwertgefühl entwickeln, wissensdurstig sind, ihre Fähigkeiten entfalten und ihre Gefühle zeigen können. Über die vergangenen 60 Jahre zeigt sich ein Trend zu einer weniger autoritären und mehr kindorientierten Erziehung (Allensbach 2009; Bundesministerium für Familie 2010).

Dieser Trend scheint jedoch gebrochen zu sein. Die Disziplin erlebt derzeit eine regelrechte Renaissance. Breite Kreise der Bevölkerung fordern wieder mehr Disziplin im Umgang mit Kindern. Dabei scheint es weniger um das Wohl des Kindes zu gehen als vielmehr darum, die Erziehungsarbeit für Eltern und Lehrer möglichst effizient zu gestalten und die Kinder mit möglichst wenig Aufwand zu kontrollieren. Zwei Drittel der Eltern sind der Meinung, die Erziehung sei in den letzten Jahren zunehmend aufwendiger und schwieriger geworden (Allensbach 2009).

Nicht wenige Eltern und Lehrer wünschen sich jene Autorität zurück, die hauptsächlich auf Macht und sozialer Stellung begründet war. Diese Art von Autorität ist jedoch längst nicht mehr glaubwürdig, und eine neue Autorität hat sich noch nicht etabliert. So wird vielerorts der alten nachgetrauert und das Heil in neuen Erziehungsmethoden gesucht, bevorzugt in solchen, die sich am Behaviorismus und an der Verhaltenstherapie orientieren: Das Kind soll mit Belohnen und Bestrafen erzogen werden. Gehorcht es, wird es belohnt. Wenn nicht, erklärt man ihm die negativen Konsequenzen und setzt diese gegebenenfalls um, beispielsweise mit einer Auszeit (das Kind muss einige Zeit allein in einem Raum verbringen) oder schließlich einer Strafe. Obwohl Zuwendung und Verständnis für das Kind seit einigen Jahren vermehrt betont werden, stehen letztlich Konsequenz und Disziplin im Zentrum der Erziehungsdebatte. Diesen Ansatz verfolgen auch die Fernseh-Supernannys oder Erziehungsmethoden wie »Triple P«. Ihnen liegt eine Erziehungshaltung zu Grunde, die gar nicht so weit von den alten Vorstellungen entfernt ist und die keinen wirklichen Fortschritt darstellt, ist das vorrangige Ziel doch nach wie vor eine möglichst weitgehende Kontrolle über das Kind. Diese Erziehungsmethoden orientieren sich nicht am Wohl und an der Entwicklung des Kindes. Ebenso wenig bezwecken sie, das Kind zu einem selbstständigen und selbstverantwortlichen Menschen zu erziehen.

Wie alle erzieherischen Maßnahmen wirken sich diese nicht nur unmittelbar auf das kindliche Verhalten aus, sondern haben immer auch langfristige Konsequenzen. In der autoritären Erziehung von einst basierte der Gehorsam auf einer

Autorität, die sich allein durch Status und Macht als Mutter, Vater oder Lehrer legitimierte. Das Resultat einer solchen Erziehung waren Menschen, die ohne Widerrede der Obrigkeit gehorchten und Ungerechtigkeiten in der Gesellschaft akzeptierten. Erziehen wir unsere Kinder auf diese Weise, werden sie als Erwachsene autoritätsgläubig, scheuen Verantwortung, haben keine Zivilcourage und ordnen sich, weil sie keine eigenständige Persönlichkeit haben, jeder Art von Obrigkeit in Gesellschaft und Wirtschaft unter. Das kann doch wohl nicht mehr das Ziel unserer erzieherischen Bemühungen sein.

Wir wünschen uns vielmehr freie Menschen, die Verantwortung übernehmen, eine eigene Meinung haben und Zivilcourage beweisen und die Autoritäten nur dann akzeptieren, wenn sie auch glaubwürdig sind. Eine Erziehung, die Kinder zu eigenständigen und selbstbewussten Wesen heranwachsen lässt, setzt auf Beziehung. Die Grundlage des Gehorsams ist nicht mehr der Druck der elterlichen Autorität, sondern eine verlässliche Vertrauensbasis zwischen Kind und Erwachsenen (was es früher, vor allem zwischen Müttern und Kindern, zweifelsohne auch schon gab). Das Kind gehorcht, weil es die emotionale Zuwendung des Erwachsenen nicht in Frage stellen oder gar verlieren will. Damit sich das Kind geborgen fühlen kann, müssen Eltern und Lehrer mit ihm einfühlsam umgehen und ausreichend Zeit für die Beziehung aufwenden.

Ein wesentlicher Teil der derzeitigen Verunsicherung rührt daher, dass diese Erziehungsform Eltern, aber auch Lehrerinnen und Lehrern eine größere erzieherische Kompetenz und eine ausreichende Beziehungsbereitschaft abverlangt. In der oft beklagten mangelnden Disziplin drückt sich im Grunde genommen eine repressive Erziehungshaltung aus: Eltern und Lehrer lassen sich zu wenig auf die Kinder ein und setzen auf mehr und stärkere disziplinarische Maßnahmen.

Wie viel Zeit sind wir bereit für eine tragfähige Beziehung aufzubringen? Die meisten Eltern wollen sich um ihre Kinder bemühen, unterschätzen jedoch den Aufwand an Zeit, den sie für ihren Nachwuchs aufbringen müssen. Erziehen ist anstrengend vor allem wegen der ständigen Verfügbarkeit, die das Kind erwartet. Es ist pure Augenwischerei, wenn behauptet wird, es komme für das Wohlbefinden des Kindes nur auf die Qualität und nicht auf die Zeit an, die man mit ihm verbringt (sogenannte »quality time«). Die Zeit, die Eltern jeden Tag mit ihren Kindern im direkten Kontakt verbringen, liegt oft im Minutenbereich. In der Schweiz beschränken sich die gemeinsamen Aktivitäten des Vaters mit dem Kind durchschnittlich auf 20 Minuten täglich (ohne die Mahlzeiten). In Deutschland schätzen zwei Drittel der 16- bis 29-Jährigen rückblickend das Engagement ihrer Väter als nicht ausreichend ein (Allensbach 2009). Mit der gleichzeitigen Anwesenheit unter demselben Dach ist es nicht getan. Es geht um die Verfügbarkeit der Eltern: mit den Kindern reden, sich gemeinsam im Haus betätigen oder draußen etwas erleben, sei es im Wald oder beim Baden.

Um es auf den Punkt zu bringen: Das viel beklagte Laisser-faire entsteht weit weniger, weil sich die Eltern scheuen, Grenzen zu setzen. Sie können vielmehr keine Grenzen setzen, weil ihnen das Kind aus Beziehungsgründen den Gehorsam verweigert. Weil es die alte Autorität nicht mehr gibt, haben die Eltern der Ich-will-alles-sofort-Mentalität ihres Kindes nichts entgegenzusetzen. Wenn das Kind zu wenig Wertschätzung erhält und daher nicht mehr bereit ist zu gehorchen, werden die Eltern erpressbar; sie müssen sich den Gehorsam beim Kind mit Vergnügungen und Konsum erkaufen. Eltern, die disziplinarische Schwierigkeiten mit ihren Kindern haben, sollten sich mehr Zeit für sie nehmen – nicht bei den Hausaufgaben, sondern bei Aktivitäten, die dem Kind Freude bereiten und die Beziehung stärken. Jede aufgewendete Minute ist Gold wert und erspart nervenaufreibende Auseinandersetzungen und Strafaktionen.

Es liegt aber nicht nur an den Eltern, wenn sie überfordert sind. In unserer Gesellschaft ist die Vorstellung weit verbreitet, dass Eltern die Erziehung ihrer Kinder allein schaffen müssten. Eltern haben aber in der ganzen Menschheitsgeschichte ihre Kinder nie allein großgezogen. Ein afrikanisches Sprichwort stellt treffend fest: »Um ein Kind großzuziehen, braucht man ein ganzes Dorf.« Zu zweit oder gar allein die Kinder zu erziehen ist eine Überforderung. Eltern brauchen die Unterstützung von Verwandten und Bekannten oder Institutionen wie Kitas während der Vorschulzeit und Tagesschulen beziehungsweise Horten während der Schulzeit. Die familienergänzende Betreuung ist besonders wichtig für Familien, in denen die Betreuung aus verschiedensten Gründen, wie beispielsweise hohe soziale und finanzielle Belastungen bei Alleinerziehenden, Arbeitslosigkeit oder psychische und körperliche Beeinträchtigung der Eltern, nur unzureichend geleistet werden kann.

In der Schule wird ebenfalls vermehrt auf disziplinarische Maßnahmen gesetzt. Wenn diese nicht mehr ausreichen, wird die Konfliktbewältigung häufig an Psychologen und Sozialpädagogen delegiert. Diese Fachleute sollen den Jugendlichen zeigen, wie sie mit ihren Problemen umgehen und sich sozial verträglich verhalten können. Doch damit vermitteln Lehrer den Schülern unterschwellig eine fatale Botschaft: Wenn euch Mitschüler erpressen, ihr Drogen konsumiert oder sexuell belästigt werdet, ist das euer Problem. Wir wollen uns nicht darum kümmern. Oder: Wir sind unfähig, damit umzugehen. Dieser fatale Eindruck ist nur zu vermeiden, wenn Lehrer sich öffnen und – allenfalls mit der Unterstützung von Psychologen oder anderen Fachleuten – aktiv auf ihre Schüler zugehen. Sie müssen Verantwortung übernehmen und den Schülern das starke Signal vermitteln: Wir interessieren uns für eure Anliegen und Sorgen und wollen euch unterstützen. Um Konflikte erfolgreich zu lösen, muss auf beiden Seiten Vertrauen bestehen. Konflikte sind dazu da, sinnvoll ausgetragen zu werden und damit zur Entwicklung der sozialen Kompetenz der Kinder beizutragen. Wenn es nicht gelingt, den Schulalltag gemeinsam erfolgreich zu bewältigen, hat die Schule versagt. Ob Lehrer sie erfüllen wollen oder nicht: Sie üben eine Vorbildfunktion aus und wirken auf vielfältige Weise auf ihre Schüler. Heidemann (2007) zeigt auf, wie Lehrer das eigene Beziehungsverhalten wie auch das der Schüler bewusster wahrnehmen und auch gestalten können.

Manches Kind verbringt an einem Tag deutlich mehr Zeit mit den Lehrern und Schulkameraden als mit den Eltern, insbesondere dem Vater. Die Schule bildet nicht nur, sondern erzieht auch. Sie soll ein Beziehungsverhalten vermitteln, wie es von der Gesellschaft erwartet wird. Und dazu gehört das Übernehmen von Verantwortung. Das aber lernt der Schüler nur dann, wenn er auch selbstverantwortlich handeln kann. Sinnvolle Strategien für den Umgang mit Konflikten kann der Jugendliche nur erwerben, wenn er dazu in der Schule angeleitet wird. Teamfähigkeit ergibt sich erst, wenn die Schule den Unterricht entsprechend strukturiert und Erlebnisse ermöglicht, die herausfordern und den Teamgeist fördern. Ein konstruktiver Umgang mit Risikoverhalten, mit Gewalt, Drogen und Alkohol kann nur entstehen, wenn Jugendliche dazu angehalten werden, ein Verständnis für ihre eigene Lebenssituation zu entwickeln und sich mit der Lebenssituation derer, die an den Rand der Gesellschaft abgedrängt werden, auseinanderzusetzen. Wahre soziale Kompetenz besteht nicht allein – wie von der Schule gefordert – in einer positiven Arbeitshaltung und großer Leistungsbereitschaft. Sie besteht vielmehr in einem kompetenten Beziehungsverhalten, das nur im Umgang von Lehrern und Schülern durch gemeinsame Erfahrungen und erfolgreiche Konfliktbewältigung entstehen kann. Opp und Teichmann (2008) beschreiben anschaulich, wie Jugendliche mit sogenannten Helfersystemen und Peer Group Counseling ihre sozialen Kompetenzen verbessern können.

Die Schule steht erzieherisch in der Verantwortung. Es ist nicht zu bestreiten, dass den Lehrerinnen und Lehrern immer mehr aufgebürdet wird. Ungenügende Rahmenbedingungen wie zu große Klassen können es einem Lehrer schlicht unmöglich machen, auf seine Schüler ausreichend einzugehen – wenn er sich auch noch so bemüht. Die Unterrichts- und Betreuungszeiten lassen sich nicht beliebig ausdehnen, es müssen also neue Arbeitsmodelle gefunden werden. Nimmt die Betreuungs- und Erziehungsarbeit zu, müssen die Unterrichtszeiten entsprechend reduziert werden. Weniger Unterricht bei mehr Betreuung über die Mittagszeit sowie nach der Schule erfordert eine zeitliche Investition, ist aber zugleich für Schüler und Lehrer ein Gewinn. In die gleiche Richtung gehen Bemühungen, die vorsehen, dass Lehrer nicht nur die Unterrichtsstunden, sondern ihre gesamte Arbeitszeit in der Schule verbringen. Wenn ein Lehrer seine Vorbereitungs- und Korrekturarbeiten im Klassenzimmer verrichtet, arbeitet er vielleicht nicht ganz so effizient wie zu Hause, dafür kann er für seine Schüler auch außerhalb des Unterrichts da sein, wenn sie ihn brauchen. Die Vertiefung der Beziehungen wirkt sich für beide Seiten positiv aus, für den Lehrer im Unterricht und für die Schüler in der Leistung.

Der Umgang mit dem Kind besteht für Eltern und Lehrer in einem ständigen Abwägen zwischen Fürsorge, Grenzensetzen und Loslassen. Hierbei das richtige Maß zu finden ist die hohe Kunst des Erziehens. Diese Aufgabe, die sich immer wieder aufs Neue stellt, lässt sich oft nicht ideal lösen. Zum Trost darf gesagt sein: Die Natur rechnet nicht mit perfekten Eltern und Lehrern. Sie hat die Kinder mit einer gewissen Anpassungsfähigkeit und Krisenfestigkeit ausgestattet. Aber die Natur zählt auf Eltern und Lehrer, denen Kinder ein echtes Anliegen sind und für die sie ausreichend Zeit und Kraft einsetzen. Noch einmal: Erziehung kann nur gelingen, wenn vertrauensvolle Beziehungen zwischen Kind und Erwachsenen bestehen.

Wo Bildung anfängt

Einschlägige Studien belegen, wie bedeutsam die Familie für den Schulerfolg eines Kindes ist (siehe PISA-Studien). Das wissen auch die Eltern, was sie unglaublich unter Druck setzen kann, wollen sie doch das Beste für ihr Kind. Aber können sie diese Aufgabe auch erfüllen?

Damit sich ein Kind in den ersten Lebensjahren gut entwickeln kann, muss es sich ausreichend wohl und geborgen fühlen. Wird es alleingelassen, erlahmt seine Neugier, und seine Entwicklung wird beeinträchtigt. Wie bereits erwähnt, ist es für Eltern heute zunehmend schwierig, dieses kindliche Grundbedürfnis ausreichend zu befriedigen. Die Interessen der Erwachsenen befinden sich im Widerstreit mit jenen der Kinder. Die Doppelbelastung von Familie und Beruf setzt den Müttern seit langem zu, belastet aber auch zunehmend die Väter. Zeit gehört zum Kostbarsten, was Eltern ihren Kindern überhaupt geben können. Es ist aber nicht nur die Zeit, die viele Eltern nicht mehr aufzubringen vermögen. Immer häufiger fehlen dem Kind die für seine Entwicklung ebenso wichtigen weiteren Bezugspersonen sowie andere Kinder und ein Umfeld, das ihm vielfältige Erfahrungen ermöglicht. Eltern von Kleinfamilien können ihrem Kind ein solches Beziehungsnetz und Erfahrungsangebot immer weniger anbieten.

Diese Funktion übernehmen heute mitunter die Kindertagesstätten. Heute weiß man um die vor allem für die Sprach- und Sozialentwicklung, aber auch für die Motorik und für musische Fähigkeiten wichtigen Erfahrungen, die Kindertagesstätten dem Kind ermöglichen. Dort spielt es mehrere

Stunden am Tag mit anderen Kindern. Es klingt hart, ist deshalb aber nicht weniger wahr: Auch die beste Mutter kann andere Kinder beim Spielen nicht ersetzen. Damit wird aber auch offensichtlich, welch hohe Qualitätsansprüche an die Kindertagesstätten gestellt werden müssen. Es geht um weit mehr als nur um das Aufbewahren der Kinder, während ihre Eltern arbeiten. Damit die Kinder entwicklungsgerecht gefördert werden, braucht es nicht nur eine kompetente pädagogische Betreuung und einen kindgerechten Betreuungsschlüssel, sondern auch Räume und Einrichtungen, die den Kindern die notwendigen Aktivitäten ermöglichen. Wie sehr gut geführte Krippen der kindlichen Entwicklung förderlich sein können, belegt eine Studie, der zufolge sich Kinder besser entwickeln und den Sprung aufs Gymnasium eher schaffen, wenn sie als Kleinkind eine Krippe besucht haben (Fritschi und Oesch 2008). Kinder entwickeln sich gut, wenn sie in einer qualitativ gut geführten Krippe betreut werden. Diese Wirkung von Krippen ist vor allem für Kinder aus bildungsfernen Schichten sehr bedeutsam. Der Besuch einer Kita ist die wirksamste Maßnahme, um bereits im Vorschulalter mehr Bildungsgerechtigkeit herzustellen.

Beinahe täglich hören und lesen Eltern, dass sich der spätere Lebensweg ihres Kindes bereits in der Schule entscheidet. Umso mehr fühlen sie sich verpflichtet, alles für seine Schulkarriere zu tun. Hunderttausende von Familien in Deutschland und Österreich geraten jedes Jahr wegen der schulischen Selektion im vierten Grundschuljahr in einen gigantischen Stress. Die Eltern haben panische Angst, ihr Kind werde in die Real- oder gar in die Hauptschule geschickt, weil sie befürch-

ten, dadurch sei ihm die Zukunft bereits verbaut. Um dies zu vermeiden, setzen sie ihre Kinder und sich selber unter geradezu unmenschlichen Druck. Besuchen die Kinder schließlich das »Turbogymnasium«, wird es noch hektischer. Es bleibt für nichts anderes mehr Zeit als für die Schule, für Hausaufgaben – und für Nachhilfeunterricht. Mindestens jedes dritte Kind kommt nicht ohne Nachhilfe aus (Dohmen 2008). Viele Eltern schämen sich zwar dafür, doch umso erleichterter sind sie, wenn sie erfahren, dass auch das Kind ihrer Nachbarn Nachhilfe benötigt. Es wirken enorme Zwänge im Verborgenen, und oft genug haben die Kinder unter dem Ehrgeiz und den Ängsten ihrer Eltern zu leiden.

Zahlreiche Eltern setzen ihre Kinder auch deshalb unter Druck, weil sie selbst unter Druck stehen und von Ängsten geplagt werden (siehe Teil I). So leiden Eltern aller sozialen Schichten unter einer zunehmenden existenziellen Verunsicherung, die sie an ihre Kinder weitergeben. Zudem fürchten manche Eltern, insbesondere im akademischen Milieu, um das Prestige und den sozialen Status der Familie, wenn ihr Kind in der Schule zu wenig erfolgreich ist. Wenn Studien immer wieder auf die eminente Bedeutung der Bildungsnähe des Elternhauses hinweisen, dann wird damit auch nahegelegt, Akademikerkinder würden automatisch Gymnasiasten und später Akademiker (Schneider 2007; Schmeiser 2003). Umso größer scheint das Versagen der Eltern, wenn ihr Kind es nicht schafft. Ein Professorensohn in der Hauptschule? Undenkbar! Das darf nicht sein!

Doch es kommt häufiger vor, als man gemeinhin annimmt, dass Akademikerkinder nicht mehr den sozialen Status ihrer

Eltern erreichen. Studien über die sogenannte sozioprofessionelle Mobilität zwischen Generationen beschreiben die statistische Wahrscheinlichkeit eines Ab- oder Aufstiegs in unserer Gesellschaft (Levy et al. 1997). 40 Prozent der Akademikerkinder steigen ab, das heißt, sie haben im Alter von 40 Jahren einen niedrigeren beruflichen Status als ihre Eltern; 15 Prozent werden Arbeiter und Angestellte. Andererseits steigen 15 Prozent der Kinder von Angestellten und Arbeitern zu höher qualifizierten Facharbeitern auf, und acht Prozent werden sogar Akademiker und Manager. Inwieweit Ab- und Aufstieg möglich sind, hängt von der Durchlässigkeit des Bildungssystems ab. Chancengerechtigkeit in der Schule und Zugang zu höherer Bildung auch für sozial Benachteiligte sind, neben den familiären und kulturellen, die entscheidenden Faktoren (Coradi Vellacott und Wolter 2005, Kronig 2007). Mit einem möglichst fairen und durchlässigen Bildungssystem ist dem Einzelnen wie auch der Gesellschaft am besten gedient. Ein solches System ermöglicht Menschen mit Begabungen, aufzusteigen und ihren Beitrag in Gesellschaft und Wirtschaft zu leisten.

Wozu aber soll ein Abstieg gut sein? Für jene Menschen, die es trifft, bedeutet er nicht zwangsläufig ein Versagen. Längerfristig bewahrt sie ein zu steiler Aufstieg vor einer falschen Karriere und damit vor der ständigen Überforderung und letztlich vor dem Scheitern. Ein Abstieg ist aber auch im Interesse der Gemeinschaft, weil dadurch weniger überforderte Menschen in Positionen aufsteigen, die ihnen nicht entsprechen. In Gesellschaft und Wirtschaft kommt es immer wieder zu Dramen, weil Menschen mit Hilfe von Privilegien und Netzwerken in soziale und wirtschaftliche Stellungen gelangen, in denen sie durch mangelnde Kompetenz großen Schaden anrichten können. Die Gesellschaft sollte daher ein Interesse daran haben, dass nicht nur die Aufstiegschancen gewahrt bleiben, sondern auch der Abstieg nicht umgangen werden kann.

Es gibt immer wieder Eltern, die glauben, eine standesgemäße akademische Karriere werde sich schon ergeben, wenn sie nur genügend Druck auf ihre Kinder ausüben. Doch kann es tragisch enden, wenn Eltern ihre Kinder in Situationen bringen, in denen sie hoffnungslos überfordert sind. Druck garantiert keine Karriere, ob er von den Eltern ausgeübt oder von den Kindern selbst erzeugt wird, weil sie den Ansprüchen ihrer Eltern unbedingt genügen wollen. Eine Entkrampfung ist für alle nur dann möglich, wenn die Eltern ihre Haltung ändern und die schulischen Schwierigkeiten ihres Kindes nicht mehr als Lebenskatastrophe darstellen und das Kind sie auch nicht mehr als solche empfinden muss. Langfristig ist es für alle Seiten das Beste, wenn das Kind eine Schulkarriere einschlägt, die seinen Fähigkeiten entspricht und die auf seine Stärken baut. Ob das Kind sich seiner Anlage entsprechend entwickeln kann, hängt entscheidend von der Einstellung der Eltern zur Schullaufbahn ihres Kindes ab. Ist das Kind bei sich selber, also nicht überfordert, wird es auch als Erwachsener gut zurechtkommen. Das mag für viele Eltern schwer zu akzeptieren sein, aber nur so können sie ihrem Kind gerecht werden.

Wir alle halten uns mehr oder weniger auf Grund unserer eigenen Schulerfahrungen für kompetent, beim Thema Schule mitzureden. Besonders ausgeprägt ist diese Tendenz bei Eltern, die selbst auf negative Schulerfahrungen zurückblicken, weil sie beispielsweise Legastheniker sind und ihr Kind nun ebenfalls an einer Leseschwäche leidet. Mit allen Mitteln wollen sie ihren Kindern jene schulischen Nöte ersparen, die sie selber erlitten haben. Leider erreichen sie damit meistens das Gegenteil. Nicht wenige Eltern werden vom Schulstoff ihrer Kinder, auch auf Grund des rasanten technischen Fortschritts, ständig überfordert, was im Umgang mit Computer und Internet besonders offensichtlich wird. Diese Hilflosigkeit löst bei den Eltern große Ohnmachtsgefühle aus. Nicht zuletzt fallen überforderte Eltern dann als Hilfe für ihre Kinder aus, beispielsweise bei den Hausaufgaben.

Besonders verheerend wirkt sich der elterliche Druck auf das Kind dann aus, wenn die Wertschätzung der Eltern weniger seiner Person als den erbrachten Leistungen gilt. Jedes Kind spürt, wenn es den elterlichen Erwartungen nicht genügen kann. Es fühlt sich leistungsmäßig und emotional überfordert. Seine Lernmotivation erlahmt, und sein Selbstwertgefühl wird beeinträchtigt. Es erstaunt daher nicht, wenn diese Kinder an Verhaltensauffälligkeiten wie Schlafstörungen oder psychosomatischen Auffälligkeiten wie Bauchschmerzen leiden oder die Leistung und selbst den Schulbesuch verweigern. Für das Kind ist es sehr wichtig, dass seine Eltern sich konsequent auf seine Seite stellen und ihm das Gefühl geben: Du bist gut, so wie du bist. Wir wissen, dass du dich so gut wie möglich bemühst. Wir lassen dich unter keinen Umständen im Stich.

Nicht wenige Eltern versuchen ihren Kindern den Leistungsdruck in der Schule zu ersparen, was ihnen aber aus verschiedenen Gründen schwer gemacht wird. Um die Prüfungsmühlen zu stoppen oder wenigstens zu verlangsamen, schicken sie ihre Kinder in eine Privatschule, vorzugsweise vom Typus Rudolf-Steiner- oder Montessori-Schule. Eltern können sich aber eine Privatschule nicht immer leisten. Was ihnen bleibt, ist, möglichst wenig Druck an ihr Kind weiterzugeben, indem sie ihre Erwartungen dem Kind anpassen. Eltern sollten sich immer wieder vor Augen halten: Gute Noten und bestandene Prüfungen sind keine dauerhaften Garantien. Was langfristig zählt, sind Kompetenzen und ein gutes Selbstwertgefühl, was voraussetzt, dass das Kind die Schule einigermaßen unbeschadet übersteht, insbesondere nicht ständigen Überforderungen ausgesetzt ist. Was den Eltern ein Stück Entlastung bringen kann, ist eine Prise Demut: Das Kind kommt nicht auf die Welt, um die Erwartungen seiner Eltern zu erfüllen. Es will zu jenem Wesen werden, das in ihm angelegt ist. Dies zu ermöglichen liegt in der Verantwortung der Eltern.

Eine kindgerechte Schule

»*Die Schule müsste der schönste Ort in jeder Stadt und in jedem Dorf sein, so schön, dass die Strafe für undisziplinierte Kinder darin bestünde, am nächsten Tag nicht in die Schule gehen zu dürfen.*« (Oscar Wilde) Das wäre großartig, ist aber leider unrealistisch, werden die meisten Leserinnen und Leser wohl denken. »*Was wir Zöglinge tun, tun wir, weil wir müssen, aber warum wir müssen, das weiß keiner von uns recht.*« (Robert Walser, beide Zitate aus Pusterla 2010) Robert Walser findet treffende Worte für das Gefühl einer sinnlosen Plackerei, die die meisten von uns aus der eigenen Schulzeit kennen. Die heutige Schule liegt wohl irgendwo zwischen diesen beiden Zitaten. Doch im Interesse der Kinder dürfen wir die Hoffnung nicht aufgeben, dass Schule schön sein kann und Kinder sie mit Freude besuchen. Schule darf nie mehr in die düsteren Zeiten von Robert Walsers Internatszeit zurückfallen.

Von einer kindgerechten Schule für alle Kinder sind wir sicher noch weit entfernt. Wir sehen wohl ein, dass Kinder unter dem immensen schulischen Druck leiden und in ihrer Entwicklung beeinträchtigt werden. Aber festgefahrene Vorstellungen und Eigeninteressen, falsche Erwartungen und viele Ängste hindern uns noch zu sehr daran, uns auf die Bedürfnisse der Kinder einzustellen. Welches Ziel verfolgt eine kindgerechte Schule? Das wichtigste: Das Kind soll mit einem guten Selbstwertgefühl die Schule verlassen, um seine Zukunft auch mit Zuversicht in Angriff zu nehmen. Der junge Erwachsene soll überzeugt sein: Ich schaffe es! Ich werde mich in dieser Gesellschaft behaupten! Ein solch gesundes Selbstwertgefühl basiert auf einer positiven Schulerfahrung, das heißt, die schulischen Anforderungen waren für ihn mehrheitlich gut zu bewältigen und überwiegend mit Erfolg verbunden. Der junge Mensch konnte in der Schule alle wesentlichen Facetten seines Wesens entwickeln, insbesondere seine Stärken, also all die Fähigkeiten, auf denen er seine zukünftige Existenz aufbauen wird. Er soll aber auch gelernt haben, mit seinen Schwächen umzugehen und diese als ein Teil seines Wesens zu akzeptieren. Er soll wissen, dass ihn die Schwächen wohl einschränken, aber sein Selbstwertgefühl nicht beeinträchtigen, weil er auf seine Stärken vertrauen kann. Er soll sich Wissen und Fertigkeiten, vor allem aber Lernstrategien angeeignet haben. Und schließlich soll er in der Schule seine sozialen Kompetenzen entwickelt sowie einen Sinn für die Gemeinschaft und ethische Werte vermittelt bekommen haben.

Diese Zielsetzung ist nicht utopisch. Sie kann durchaus erfüllt werden, wie die Montessori-Schule in Potsdam, die Helene-Lange-Schule in Wiesbaden oder die Wartburgschule in Münster belegen (zusätzliche Informationen und weitere Schulen siehe Archiv der Zukunft). Doch um sie umzusetzen, braucht man ein kindgerechtes pädagogisches Konzept, die Bereitschaft von Eltern und Lehrern zur Erneuerung und die entsprechenden Rahmenbedingungen.

Warum die Schule Geborgenheit bieten muss

Wie die Nahrung zum Wachsen braucht das Kind Geborgenheit und Zuwendung, um sich entwickeln zu können. Ein Schüler kann nur dann gut lernen, wenn er sich geborgen und angenommen fühlt. Die Bedeutung der kindlichen Bindung (Bowlby 1969, 1975; Brisch et al. 2002) würden weder Fachleute noch Laien für die ersten Lebensjahre und das Aufwachsen in der Familie in Zweifel ziehen. Warum sollte dieses Bedürfnis mit dem Eintritt in die Schule plötzlich verschwunden sein oder auf die Familie beschränkt bleiben? Für das Kind wird der Lehrer zu einer Bezugsperson, von der es als Person wahrgenommen und angenommen werden will. Je jünger ein Kind ist, desto mehr erwartet es, dass der Lehrer emotional zu ihm steht, es beschützt und ihm Hilfe bietet, wenn es danach fragt. Der Anspruch vorbehaltloser Akzeptanz, den das Kind an den Lehrer stellt, ist weit kleiner als derjenige, den es von seinen Eltern einfordert, aber er besteht zweifellos.

Einen wesentlichen Beitrag leisten hier die gemeinsamen Erfahrungen während des Unterrichts. Wie reagiert die Lehrerin auf das Lernvermögen und -verhalten des Kindes im Vergleich mit den anderen Kindern? Macht das Kind die Erfahrung, dass die Lehrerin es genauso mag wie die anderen Kinder, oder werden einige Kinder bevorzugt? Manchen Kindern gibt der Austausch mit der Lehrerin während des Unterrichts die notwendige Zuwendung. Anderen Kindern reicht dies nicht aus. Sie brauchen eine vertiefte Beziehung zur Lehrerin, Gespräche vor und nach dem Unterricht über Dinge, die mit der Schule nichts zu tun haben. Es gibt Kinder, die im

Freude teilen mit dem Kind und seinen Fortschritten

Alter von fünf bis sieben Jahren immer noch auf körperliche Nähe angewiesen sind. Sie suchen den Körperkontakt, sitzen bei der Lehrerin sogar auf dem Schoß. Entscheidend für jedes Kind ist das Gefühl: Die Lehrerin mag mich so, wie ich bin. Dieses Gefühl darf durch die Leistung und das Verhalten des Kindes nie in Frage gestellt werden. Das Kind als Person sollte für die Lehrerin immer über seiner Leistung und seinem Verhalten stehen.

Wenn sich der Lehrer nicht auf die Kinder einlässt, kommen nicht nur auf die Kinder, sondern auch auf den Lehrer selbst schwierige Zeiten zu. Für ihn wird der Unterricht sehr anstrengend, weil er die Kinder vermehrt disziplinarisch kontrollieren muss. Und vor allem: Wenn er die Kinder emotional nicht annimmt, wird er auch von den Kindern nicht angenommen und schließlich gar abgelehnt. Auf die Dauer kann keine Lehrerin und kein Lehrer diesen Zustand aushalten, ohne daran zu zerbrechen. Unzureichende Beziehungsqualität, aus welchen Gründen auch immer, ist wohl eine der Hauptursachen für Burn-out. Bemüht sich der Lehrer hingegen um eine gute Beziehung, dann erhält er dafür – ebenso wie die Eltern – viel Zuwendung von den Kindern. Manch ein Lehrer wird von den Kindern regelrecht verehrt. Die emotionale Abhängigkeit erklärt auch, weshalb der Lehrer, ebenso wie die Eltern, die Kinder erzieherisch lenken kann.

Eine beziehungsorientierte Pädagogik wird immer noch häufig als »Wohlfühlpädagogik« abgetan, während sich eine »gute« Schule durch Leistungsdruck auszeichnet. Verschiedene Studien zeigen jedoch: Mit einer guten Schüler-Lehrer-Beziehung verbessern sich die schulischen Leistungen. Die Schüler lernen nicht nur für sich, sondern auch für den Lehrer, weil sie ihn nicht enttäuschen wollen. Können sie einen Lehrer hingegen nicht ausstehen, so werden sie sich nicht auf ihn und sein Fach einlassen und sich erst recht nicht für ihn ins Zeug legen. Eine vertrauensvolle Beziehung zwischen Kind und Lehrer ist eine wichtige Grundlage für den Lernerfolg (Rutter 1980; Vuille et al. 2004).

Ob der Lehrer eine tragfähige Beziehung zu seinen Schülern herstellen kann, hängt wesentlich von der Größe und Zusammensetzung der Klasse ab. Ist diese zu groß oder zu heterogen, so ist es auch für einen hoch kompetenten Lehrer schwer oder sogar unmöglich, für alle Kinder emotional ausreichend verfügbar zu sein. Zwangsläufig gehen Kinder verloren, weil sie sich nicht aufgehoben fühlen. Die Frage der Klassengröße ist vordergründig eine finanzpolitische, letztlich aber eine bildungspolitische, denn sie bestimmt die Qualität der Schule wesentlich mit.

In den letzten Jahren hat eine starke Tendenz zum Einsatz von Fachlehrkräften in der Grundstufe eingesetzt. In der Schweiz werden Primarschulklassen mittlerweile von bis zu sechs verschiedenen Lehrkräften unterrichtet, während der klassische Klassenlehrer immer mehr verschwindet. Fachlehrer haben nicht mehr mit einer Klasse zu tun, sondern mit sechs und mehr Klassen, nicht mehr mit 25, sondern mit 100 und mehr Kindern. In diesem System steht das Fach im Mittelpunkt und nicht mehr das Kind. Für den Lehrer wie für das Kind wird es immer schwieriger oder gar unmöglich, eine Beziehung zum jeweils anderen aufzubauen. Um Beziehungen eingehen und aufrechterhalten zu können, benötigt man Zeit, insbesondere Kinder, aber auch Lehrer. Das Fachlehrersystem nimmt dem Lehrer die Gestaltungsmöglichkeiten in der Klasse und fördert stattdessen die Mentalität, nach absolvierter Lektion möglichst rasch wieder aus der Klasse zu verschwinden. Der Lehrer fühlt sich begreiflicherweise unwohl, weil er die Kinder nur wenig kennt, und hält sich deshalb möglichst selten im Klassenzimmer auf. Weil die Rolle des Klassenlehrers durch den Aufbau eines Fachlehrersystems immer mehr geschwächt wird, fühlen sich alle ein wenig, aber niemand umfassend für das Kind verantwortlich. Damit die Fachlehrer das einzelne Kind einigermaßen erfassen können, müssen sie einen großen Aufwand an Besprechungen leisten, die oft aber unbefriedigend bleiben, weil niemand das Kind wirklich gut kennt. Ein solches Fachlehrersystem mit zerstückelter Verantwortung verhindert die notwendigen Beziehungen und führt zu einer allgemeinen Separation. Man muss sich ernsthaft fragen, ob in unseren Schulen nicht bereits ein Teil der Kinder unter emotionaler Vernachlässigung leidet und in seiner Leistungsfähigkeit deshalb beeinträchtigt ist.

Das emotionale Wohlbefinden des Kindes hängt im Weiteren wesentlich von der Beziehung zwischen Lehrern und Eltern ab. Je größer die Vertrauensbasis zwischen Lehrern und Eltern ist, je mehr sich die Eltern mit den Lehrern identifizieren können, umso wohler fühlt sich das Kind.

Eigentlich ist das Vertrauen, das Eltern der Schule entgegenbringen, unglaublich groß: Sie schicken ihr Kind 800 bis 1000 Stunden pro Jahr in diese Institution, ohne dass sie die Personen, denen sie ihr Kind anvertrauen, ausreichend kennen. Lehrer-Eltern-Kontakte beschränken sich häufig auf Elternabende, und die werden von den Lehrern als stressig und von den Eltern als unbefriedigend erlebt. Es reicht einfach nicht, die Eltern zweimal pro Jahr in die Schule einzuladen, um ihnen den Lehrplan und die Organisation der Schule zu präsentieren, die sie in der Kürze ohnehin nicht verstehen. Eine vertrauensvolle Beziehung zwischen Eltern und Lehrern wird auf diese Weise nicht geschaffen. Dabei gibt es für die Lehrer durchaus Möglichkeiten, eine solche aufzubauen. Der Anstoß dazu kann auch von den Eltern kommen. Ein Beispiel: Ein Lehrer hatte die Eltern zu einem Elternabend eingeladen. Nach seiner Orientierung über den Lehrplan und einer kurzen Aussprache kam ein italienisches Elternpaar zu ihm und bot ihm an, den nächsten Elternabend zu organisieren. Dieser Elternabend wurde ein höchst anregendes Erlebnis mit Pizza und Wein, bei dem sich Lehrer und Eltern wirklich näherkamen. Was den Lehrer sehr berührte und staunen ließ: Er ging am nächsten Tag viel entspannter in die Schule und sah die Kinder mit anderen Augen. Oder: Es gibt Lehrerinnen und Lehrer, die innerhalb der ersten drei Monate nach Schulbeginn alle Eltern zu Hause besuchen, weil sie deren Bedürfnisse, Erwartungen und Lebensbedingungen kennenlernen wollen. Beim Gespräch am Küchentisch oder gar einem gemeinsamen Essen mit der Familie entsteht ein persönliches Vertrauensverhältnis, das sich wiederum positiv auf die Beziehung zum Kind, sein Leistungsvermögen und sein Verhalten auswirkt. Die aufgewendeten Stunden werden durch ein besseres Klima und eine größere Lernbereitschaft in den Schulstunden allemal wieder wettgemacht.

Wie wichtig und hilfreich eine vertrauensvolle Beziehung zwischen Lehrern und Eltern sein kann, illustriert die folgende Begebenheit: Eine Lehrerin hatte zunehmend Schwierigkeiten mit einem Kind aus einer muslimischen Familie. Die Mutter entzog sich immer wieder einem Gespräch in der Schule, der Vater war nicht erreichbar. Schließlich suchte die Lehrerin die Mutter zu Hause auf und erfuhr, dass die Mutter Analphabetin war und vor lauter Scham den Kontakt vermied. Nach dem Hausbesuch hatte die Mutter so viel Vertrauen zu der Lehrerin gefasst, dass sie sie regelmäßig aufsuchte und um Hilfe bat, wenn sie etwas nicht verstand. Die vertrauensvolle Beziehung der Mutter zur Lehrerin wirkte sich positiv auf das Kind aus. Plötzlich wurde das Kind für die Lehrerin führbar. Es ist ein großer Unterschied für das Kind, ob die Lehrerin seine Eltern persönlich kennt und wie die Eltern am Familientisch über die Schule und die Lehrerin sprechen – im Guten wie im Schlechten. Nur wenn die Eltern dem Lehrer vertrauen und sich mit ihm identifizieren, kann sich das Kind in der Schule unterstützt und akzeptiert fühlen. Eltern sind kooperativer und unterstützen ihre Kinder stärker, wenn sie sich von den Lehrern ernst genommen und verstanden fühlen. So wird die Schule ihres Kindes auch zu ihrer Schule.

Je besser die Beziehungen unter den Kindern sind, desto besser lernen sie. Je stabiler die Zusammensetzung der Klasse ist und je vertrauter die Kinder miteinander sind, desto wohler fühlt sich das einzelne Kind. Das Wohlbefinden wirkt sich auf die Leistung aus sowie auf die Art und Weise, wie die Kinder im Klassenzimmer und auf dem Pausenhof miteinander umgehen.

Dem Lehrer ergeht es schließlich wie den Schülern: Nur wenn er sich in der Schule wohl fühlt, wird er gern hingehen und engagiert unterrichten. Deshalb sollten Lehrer auch in ihrem eigenen Interesse aufhören, Einzelkämpfer zu sein. In einer teamorientierten Schule ist nicht mehr der einzelne Lehrer Kern der Schule, sondern das Kollegium. Die Lehrer unterstützen sich gegenseitig in ihrer Arbeit mit den Kindern: Gemeinsam beobachten sie, wie man mit Kindern umgehen kann; sie lernen, konstruktiv zu kritisieren und mit Kritik konstruktiv umzugehen; sie erproben Rollenspiele in Gesprächsführung und wenden Coachings in Elterngesprächen an. Lehrer arbeiten besser, wenn sie sich vom Kollegium akzeptiert und unterstützt fühlen. Und je vertrauensvoller die Beziehungen der Lehrer untereinander sind, desto besser sind die Leistungen der Kinder.

Was geschieht, wenn sich das Kind in der Schule von den Lehrern und Mitschülern nicht angenommen fühlt, jeden Tag mehrere Stunden lang, 200 Tage im Jahr, und das unter Umständen gar über Jahre hinweg? Sich nicht akzeptiert zu fühlen ist ein enormer Stress für jedes Kind. Es wird jede Form von Zurechtweisung – auch berechtigte – als Ablehnung empfinden. Es kann verhaltensauffällig werden, den Unterricht stören oder sich innerlich davon verabschieden. Es versucht, die Aufmerksamkeit des Lehrers auf sich zu ziehen, manchmal auch durch aggressives Verhalten. Oder es verkriecht sich. Manche Kinder werden psychosomatisch krank und leiden an Schlafstörungen, Bauchschmerzen oder nächtlichem Einnässen. Immer häufiger verweigern Kinder den Schulbesuch (Effe 2008). Sie gehen über Monate oder gar Jahre hinweg nicht mehr in die Schule, allgemeine Schulpflicht hin oder her. Im Jugendalter sind belastende Beziehungen zu Lehrern und Mitschülern bedeutsamer als Ursache für Selbsttötungen denn allgemeines Leistungsversagen.

Um die Bedeutung des Bindungs- und Beziehungsverhaltens auf den Punkt zu bringen: Wohlbefinden und Lernbereitschaft eines Kindes werden erheblich beeinträchtigt, wenn das Kind sich vom Lehrer ignoriert oder gar abgelehnt fühlt, wenn es von anderen Kindern ausgegrenzt wird oder wenn es spürt, dass seine Eltern dem Lehrer gegenüber Vorbehalte haben. Die Schule ist ein Beziehungsnetz, dessen Qualität den Schulerfolg entscheidend prägt. Je besser die Beziehungen zwischen Schülern und Lehrern, unter den Lehrern und unter den Schülern sowie zwischen der Schule und den Eltern sind, desto größer ist der Schulerfolg des Kindes (Rutter 1980; Vuille et al. 2004).

Worauf es beim Lehren ankommt

»*Erkläre mir, und ich vergesse. Zeige mir, und ich erinnere. Lass es mich tun, und ich verstehe.*« Die Erkenntnis von Konfuzius beinhaltet die Quintessenz echten Lernens: Es ist aktiv, selbstbestimmt und beruht auf eigenen Erfahrungen. Das Drama unserer Schule besteht darin, dass weder Eltern noch Lehrer daran glauben. Sie halten sich lieber an den Spruch »Übung macht den Meister«. Ohne das Wiederholen, Vertiefen und Automatisieren von Inhalten – so ihre Überzeugung – gibt es kein Lernen. In einer bestimmten Weise haben sie recht: Ohne Auswendiglernen kann man weder Prüfungen bestehen noch gute Noten bekommen. Nur, garantieren gute Noten auch echtes Verstehen und Kompetenz?

Ein Verständnis stellt sich dann ein und bleibt langfristig erhalten, wenn die neuen Kenntnisse mit den bereits bestehenden durch Erfahrung vernetzt werden (siehe »Wie Eltern und Lehrer Kinder beim Lernen unterstützen können«). Dies setzt voraus, dass das Verinnerlichen nicht durch mechanisches Üben, sondern durch das Kind selbstbestimmt und aktiv geschieht. Es muss also dort mit der Erfahrung ansetzen, wo es entwicklungsmäßig steht. Das ist die große Herausforderung für die Lehrer, denn jedes Kind steht an einem anderen Ort. Auch eigene Lernstrategien kann sich das Kind nur durch selbstbestimmtes Handeln aneignen, indem es eigenständig herausfindet, welche Vorgehensweise erfolgreich ist und welche nicht. Es lernt so, wie es am wirkungsvollsten lernen kann. Eine solche pädagogische Haltung bedeutet aber Abschiednehmen vom sturen Auswendiglernen und ebenso den Verzicht auf Prüfungen und Noten als Antreiber zum Pseudolernen, weil man den Kindern nicht zutraut, dass sie von sich aus lernen wollen. Ein Unterricht, der den Kindern aufgezwungen wird, ist wenig lernwirksam. Das Lernen wird dann gefördert, wenn sich die Kinder aktiv daran beteiligen wollen.

Die meisten Eltern und Lehrer sind überzeugt davon, dass hartnäckiges und andauerndes Üben zu Verbesserungen führt. Was sich verbessert, sind jedoch nur die Prüfungsnoten, nicht aber das Begreifen. Dieser weit verbreitete Glaube drückt sich auch in der Anzahl der Stunden aus, die einem Fach zugedacht sind. Die Wirksamkeit der Stundenzahl – je mehr Schulstunden, desto mehr wird gelernt – ist aber eher ein viel beschworener Mythos als eine empirisch abgesicherte Tatsache. Manfred Prenzel, der vormalige Leiter der deutschen PISA-Studien, ist der Meinung, dass sich ein beträchtlicher Teil der Stunden streichen ließe, ohne dass die schulischen Leistungen abfallen würden (Prenzel 2008).

Die Schule soll die Kinder in allen Entwicklungsbereichen fördern. In den ersten Schuljahren liegt der Schwerpunkt anfänglich auf dem Erwerb von Fertigkeiten wie Lesen, Schreiben und Rechnen. Später kommen die Sprachen und die naturwissenschaftlichen Fächer dazu. Musische Fächer und Sport hingegen fristen immer mehr ein Schattendasein. Kindgerecht ist eine Schule dann, wenn die Kinder in den ersten sechs bis neun Schuljahren ganzheitlich gefördert werden. Das heißt, Sprache, Sozialverhalten, Motorik, figural-räumliche Vorstellungen, musikalische und andere musische Fähigkeiten werden gleichermaßen angesprochen. Diese Sichtweise der kindlichen Entwicklung geht ursprünglich auf ein Modell der

Neugierde ist der Motor für das Lernen.

multiplen Intelligenzen von Howard Gardner (1985) zurück. Ein wichtiges Merkmal dieser Sichtweise ist, dass jede Kompetenz beim einzelnen Kind unterschiedlich ausgebildet sein kann (siehe »Das Kind als einzigartiges Wesen«).

Kinder lernen von klein auf vernetzt. Sie gebrauchen nur ausnahmsweise isoliert ihre sprachlichen, motorischen oder kognitiven Kompetenzen. Wenn ein zweijähriges Kind die Mutter beim Kochen nachspielt, braucht es dazu seine kognitiven, sprachlichen, sozialen wie auch motorischen Fähigkeiten. In der Vergangenheit hat sich die Schule zu sehr auf die Ausbildung einzelner Kompetenzen konzentriert. Seit einigen Jahren bemüht sie sich vermehrt darum, den gleichzeitigen Einsatz verschiedener Kompetenzen zu fördern, beispielsweise in Projektarbeiten. Schüler lernen dabei, wie man Kompetenzen miteinander verbinden und die daraus resultierenden Synergien nutzen kann. Wenn Oberschüler in Teamarbeit nach einer schriftlichen Anleitung einen kleinen Generator zusammenbauen, in Betrieb nehmen und schließlich Strom erzeugen können, setzen sie ihre sprachlichen, sozialen, figural-räumlichen und handwerklichen Fähigkeiten ein und erweitern dabei ihre Kenntnisse in Physik. Manche Erwachsene sind gerade deshalb so erfolgreich, weil es ihnen gelingt, verschiedene Kompetenzen gemeinsam richtig einzusetzen. Kreativität und Innovation entstehen unter anderem dadurch, dass Einsichten und Fähigkeiten von einem Kompetenzbereich in einen anderen übertragen werden.

Nicht nur die Lernprozesse, auch der vermittelte Stoff muss überdacht werden. Nehmen wir zum Beispiel die Mengenlehre: Was ist ihr Beitrag zum logischen Denken bei Kindern? Wo kommt die Mengenlehre später zur Anwendung? Wie nachhaltig ist sie, oder ist sie nur kurzfristig prüfungsrelevant? Verbessert sie das analytische Denken und die Entscheidungskompetenz bis ins Erwachsenenalter? Die große Zeit der Mengenlehre ist 40 Jahre nach ihrer Einführung vorbei. Hat sie sich nicht bewährt, oder hängen Lehrpläne auch von pädagogischen Moden ab? Oder nehmen wir das Erlernen von Sprachen: Geht es hier um theoretisches Wissen über Grammatik und Syntax oder nicht vielmehr um eine möglichst hohe Kompetenz bei der Anwendung der Sprache? Wenn Letzteres gilt: Wie muss der Unterricht gestaltet sein? Was bringt dem Schüler langfristig mehr: die Kenntnis grammatikalischer Ausnahmeregeln oder die Fähigkeit, einen gut strukturierten und inhaltlich interessanten Vortrag halten zu können? Beispiel

Geometrie. Was fördert die Raumvorstellungen mehr und bringt einen langfristigen Nutzen: das Auswendiglernen der Axiome des Euklid oder ein kompetenter Umgang mit virtuellen Räumen am PC? Lernstoff, der nur den Fachlehrer, nicht aber die Kinder interessiert, der für die kindliche Entwicklung bedeutungslos, langfristig nutzlos und nicht nachhaltig ist, gehört nicht in den Unterricht. Es darf nicht mehr allein den Fachlehrern überlassen bleiben zu entscheiden, was, wie und in welchem Umfang gelehrt wird. Für die Gestaltung der Lehrpläne sind Fachleute verschiedener Disziplinen vonnöten, welche die pädagogische Notwendigkeit von fachlichem Inhalt und zeitlichem Umfang des Stoffes in Bezug auf die kindliche Entwicklung, den zukünftigen Nutzen und die langfristige Nachhaltigkeit einschätzen können.

Die Schule darf sich keinesfalls nach den kurzfristigen und veränderlichen Ansprüchen der Wirtschaft richten. Vor einigen Jahren prognostizierte die schweizerische Wirtschaft einen hohen Bedarf an Bankern, die global tätig sein würden. Die Bildungsdirektionen in der Schweiz haben daraufhin überstürzt Englisch und Französisch in der Primarschule eingeführt. Dann verlangte die Wirtschaft Informatiker, neuerdings heißt es, man benötige viel mehr Naturwissenschaftler. Derzeit sind die Bildungsdirektionen dabei, die naturwissenschaftlichen Fächer zu verstärken. Doch das Lernangebot einer Schule sollte – nicht nur im Interesse der Kinder, sondern auch der Gesellschaft – ganzheitlich sein, das heißt alle wesentlichen Entwicklungsbereiche umfassen. Schule sollte Kindern die Möglichkeit geben, alle ihre Fähigkeiten zu entwickeln. Gerade weil die gesellschaftlichen und politischen Ansprüche so großen Veränderungen unterliegen, ist es wichtig, die Stärken beim einzelnen Kind zu entdecken und zu fördern, nicht nur in Sprache, Mathematik und Naturwissenschaften, sondern auch in allen anderen Kompetenzbereichen wie Motorik, Sport und Handwerk oder in der Musik. Das schulische Heranzüchten von Monokulturen ist nachteilig, weil sich die Nachfrage ständig wandelt, vor allem aber, weil es Menschen ausgrenzt, deren Begabungen momentan gerade nicht gefragt sind, aber für sie selbst und für die Gesellschaft längerfristig durchaus von Nutzen wären. Eine Schule, die den Kindern umfassende Entwicklungsmöglichkeiten bietet, darf nicht mehr ideologisch diffamiert werden. Längerfristig ist mit einem ganzheitlichen und kindorientierten Ansatz nicht nur dem Individuum, sondern auch der Gesellschaft am besten gedient, weil sich so am meisten Menschen beruflich und sozial integrieren lassen.

In den meisten deutschen Bundesländern sind die Lehrpläne so vollgestopft, dass nur die Einführung von Ganztagsschulen Abhilfe schaffen kann. Wenn die Kinder auch nachmittags in die Schule gehen, gibt es mehr Raum auch für musischen und handwerklichen Unterricht. Eine weitere Verbesserung bestünde darin, diese Aktivitäten außerhalb des Unterrichts ohne Zeitdruck anzubieten. Dabei geht es weniger darum, dass die Schulen ihr Angebot erweitern. Vielmehr sollten sie eine enge Zusammenarbeit mit Sportvereinen, Musikschulen oder Theaterclubs anstreben. Da gibt es eine große Anzahl gut ausgebildeter Fachpädagogen und Trainer, welche die Kinder in all jenen Bereichen fördern können, die im Unterricht keinen Platz finden.

Schließlich hat eine gute Schule den Anspruch, nicht nur auszubilden, das heißt, Wissen und Fertigkeiten zu vermitteln, sondern auch zu bilden. Es geht darum, ein Verständnis für diese Welt sowie die unterschiedlichen Sichtweisen, wie die Welt wahrgenommen und erklärt werden kann, zu wecken. Ein wesentlicher Anteil besteht zudem in der Vermittlung des richtigen Umgangs mit der Umwelt und insbesondere mit den Menschen. Es kommt also nicht nur darauf an, die Mechanismen der Welt aus einer naturwissenschaftlichen Sicht zu verstehen, sondern auch darauf, dem Wissen eine Bedeutung zuzuschreiben. Das hat wiederum mit den Wertvorstellungen der Lehrer zu tun. Ein Lehrer kann sich im Meteorologieunterricht darauf beschränken, die Entstehung von Hoch- und Tiefdruckgebieten sowie Tornados zu erklären. Er kann aber auch eine Klimadebatte führen. Bei der Bildung kommt der Persönlichkeit des Lehrers eine zentrale Bedeutung zu, denn Bildung vermittelt er nicht nur mit dem fachlichen Inhalt seines Unterrichts, sondern vor allem mit seiner Persönlichkeit, seiner Sichtweise und seinen Wertvorstellungen.

Nur eine Schule, die sich der Bildung in einem umfassenden Sinne annimmt, ist eine gute Schule. Dabei sollten nicht nur sittliche und kulturelle Werte, die der Gesellschaft ein Anliegen sind, angesprochen werden. Kinder haben ein inneres Bedürfnis, sich mit den »letzten Fragen« auseinanderzusetzen, über Gerechtigkeit und Lebenssinn nachzudenken. Auf dieses Bedürfnis muss die Schule eingehen – auch wenn sie den Schülern keine bleibenden Antworten geben kann.

Warum individualisierter Unterricht so wichtig ist

Die PISA-Studien zeigen eindrücklich, dass die Leistungsunterschiede unter den Schülern im Verlauf der Schulzeit immer stärker zunehmen. Diesen Ungleichheiten kann man nur durch eine konsequente Individualisierung des Unterrichts gerecht werden. Jedes Kind soll seinem individuellen Entwicklungs- und Leistungsstand gemäß lernen können. Wird der Unterricht nicht individualisiert, leidet ein erheblicher Prozentsatz der Schüler an Über- oder Unterforderung. Die Auswirkung ist eine tief greifende Demotivierung beim Lernen, weil Erfolgserlebnisse oftmals über Jahre hinweg ausbleiben. Damit verbunden sind unzählige Enttäuschungen und Versagensgefühle, die zu einem verminderten Selbstwertgefühl führen.

Eine wichtige Aufgabe eines individualisierten Unterrichts besteht darin, die Stärken eines jeden Kindes aufzuspüren und zu fördern. Idealerweise sollte jeder Schüler seine eigentlichen Begabungen so gut wie möglich entwickeln können. Mit ihnen wird er langfristig sein Leben meistern. Einige Schulen haben diese Vorstellung aufgegriffen, indem sich Schüler in der Oberstufe für sogenannte Schwerpunkte entscheiden können, in denen sie vermehrt gefördert werden. Dabei sollten aber nicht nur die traditionellen Fächer wie Mathematik oder Sprachen gewählt werden können, sondern auch künstlerisches Gestalten, Musik oder Sport. Was genauso zur Individualisierung des Unterrichts gehört: Die Schule versucht nicht mehr Schwächen zu eliminieren, sondern hilft dem Kind, mit ihnen umzugehen und sie als Teil seines Wesens zu akzeptieren.

Es ist eine weit verbreitete Furcht unter Lehrern, aber auch unter Eltern, eine solche pädagogische Haltung verleite zu der vorschnellen Kapitulation, eine Lernschwäche als unkorrigierbar zu akzeptieren. Zusätzlich haben viele das Gefühl, sie hätten als Lehrer oder Eltern versagt. Eine persönliche Enttäuschung über das Kind und seine Leistungen mag auch noch mitschwingen. All dies führt dazu, dass man das Kind lieber zu viel antreibt als zu wenig. Doch ein solcher Druck ist nicht ohne negative Auswirkungen auf das Kind, die oftmals schlimmer sind als die Gefahr einer möglichen Leistungsminderung: Das Kind wird in seinem Selbstwertgefühl und seiner Lernmotivation beeinträchtigt.

An vielen Schulen bekennt man sich mittlerweile im Grundsatz zum individualisierten Unterricht. Es besteht jedoch eine große Unsicherheit darüber, wie dieser im Schulalltag zu gestalten ist, dabei muss er gar nicht von Grund auf neu erfunden werden. In der Vergangenheit wurden Kinder in altersgemischten Klassen unterrichtet, weil es – vor allem in ländlichen Gegenden – nicht genug Kinder gab, um Jahrgangsklassen einzurichten. Erst- bis Drittklässler bildeten beispielsweise zusammen eine Klasse sowie Viert-, Fünft- und Sechstklässler. In diesen Klassen wurden die Kinder nicht nach ihrem Alter, sondern nach dem individuellen Entwicklungsstand in Lerngruppen eingeteilt und unterrichtet. Die Lehrer hatten den Unterricht in der Weise zu gestalten, dass sich die Lernziele und konkreten Anforderungen an das Kind nach seinem individuellen Entwicklungsstand und Leistungsvermögen richteten.

Die Leistungsunterschiede in altersdurchmischten Klassen

sind für die Kinder verständlich und führen weit weniger häufig als in Jahrgangsklassen zu Minderwertigkeitskomplexen, Konkurrenzkampf oder Überheblichkeit. Die Übernahme von Regeln und Ritualen geschieht auf eine selbstverständliche Weise, indem die älteren Kinder die jüngeren in die Klassenkultur einführen. Die Fähigkeit, selbstständig zu arbeiten, wird gefördert, was wiederum für die schulische und berufliche Laufbahn vorteilhaft ist. Da jedes Kind in seinem eigenen Tempo und seinem Entwicklungsstand entsprechend lernt, muss dieser zunächst erfasst werden, um dann die Anforderungen an sein individuelles Leistungsvermögen anzupassen. An gewissen Schulen hatte das zur Folge, dass eigene Lehrmittel geschaffen wurden (Institut Beatenberg), weil die öffentlichen zur konsequenten Individualisierung nicht tauglich waren. Ein individualisierter Unterricht gibt dem Lehrer das Gefühl, das Kind besser verstehen und begleiten zu können – eine große Befriedigung, was wiederum zu einer höheren Zufriedenheit bei Kindern und Eltern führt.

Lehrer, die erstmals eine altersdurchmischte Klasse unterrichten, haben verständlicherweise anfänglich große Bedenken. Sie befürchten eine Mehrbelastung, da sie sich stärker um jedes einzelne Kind kümmern müssten. Die meisten Lehrer wollen nach einiger Zeit jedoch nicht mehr zu Jahrgangsklassen zurück und empfinden den individualisierten Unterricht sogar als Entlastung. Dies liegt im Wesentlichen daran, dass sie sich nicht länger mit über- und unterforderten Kindern abmühen müssen sowie an der weit besseren Lernmotivation der Kinder und an den zwischen den Kindern entstandenen Synergien. Kinder, die im Stoff weiter fortgeschritten sind, helfen im Unterricht jenen Kindern, die weniger weit sind. Leistungsunterschiede zu konventionellem Unterricht wurden in verschiedenen Studien nicht festgestellt (Rossbach 1999; Sonderegger 1999; Laging 2003). Möglichst jedes Kind an das Optimum seiner Leistungsfähigkeit heranzuführen ist für den Lehrer eine sehr lohnende pädagogische Aufgabe. Umso besser, wenn die Kinder dabei auch noch lernen, selbstständig zu arbeiten und sozial kompetenter zu werden.

Manche Eltern befürchten, ihr Kind könne, wenn es schwächeren Klassenkameraden hilft, selber weniger Fortschritte machen. Das Gegenteil ist jedoch der Fall, weil dadurch die Sozialkompetenz, aber auch das Lernen des stärkeren Kindes gefördert werden: Lernen durch Lehren. Kinder sind zudem oft die besseren Lehrmeister als Erwachsene. Kinder lernen voneinander leichter, weil sie sich in ihrem Denken und ihrer Sprache näher sind. Gemeinsames Lernen stärkt überdies das Kommunikations- und Beziehungsverhalten und damit den Zusammenhalt unter den Kindern.

Eine Individualisierung des Unterrichts wird zu einer Notwendigkeit, wenn teilleistungsschwache, behinderte und verhaltensauffällige Kinder, die bisher in Sonderklassen unterrichtet wurden, in Regelklassen integriert werden. Bis in die 1990er Jahre galt mehrheitlich die Doktrin der Separation, weil man dadurch einerseits die Regelklassen entlasten wollte und sich anderseits eine bessere Schulung der Behinderten erhofft hatte. 1994 verabschiedete die UNO die »Erklärung von Salamanca«, worin ein klares Bekenntnis zur schulischen Integration abgelegt wurde. Heute ist das Prinzip der Integration in der Fachwelt weitgehend unbestritten. Seine Umsetzung,

Kinder, die bisher in Sonderklassen unterrichtet wurden, in Regelklassen zu integrieren, stößt aber auf erheblichen Widerstand bei Eltern und Lehrern.

Eine große Befürchtung der Integrationsskeptiker ist ein Leistungsabfall bei den Kindern. Integration muss sich jedoch nicht nachteilig auf die Leistungsfähigkeit der Kinder auswirken. Damit die schulische Integration von ehemaligen Sonderschülern in die Regelklassen gelingen kann, müssen aber die folgenden drei Bedingungen erfüllt sein:

- Die Kinder sind sozial integriert, das heißt, die anderen Kinder verhalten sich solidarisch mit ihnen.
- Sie sind schulisch integriert, werden also nicht auf Grund ihrer Leistungsdefizite ausgegrenzt und separat unterrichtet.
- Sie werden nicht überfordert, das heißt, die schulischen Anforderungen sind ihrem Leistungsvermögen angepasst.

Eine wichtige Einschränkung bleibt bestehen. Die obigen Bedingungen können auch unter besten Voraussetzungen bei einer kleinen Anzahl von behinderten Kindern nicht erfüllt werden. Integration darf daher bei diesen Kindern nicht erzwungen werden. Sie haben ein Anrecht auf eine Sonderschulung.

Schulische Integration ist dann erfolgreich, wenn

- die pädagogischen Voraussetzungen wie Aus- und Weiterbildung der Lehrerinnen und Lehrer erfüllt und ihre Arbeitsbedingungen gut sind;

- die systemischen Rahmenbedingungen wie Klassengröße, Anzahl der Lehrer und Fachleute und räumliche Gegebenheiten angemessen sind;
- die Öffentlichkeit mit einbezogen wird, das heißt die Bevölkerung ausreichend über Sinn und Umsetzung der Integration informiert ist und sie mitträgt.

Eine weitere Befürchtung besteht darin, dass individuelle Lernziele das Ende der kollektiven Lehrpläne herbeiführen könnten – eine kleine pädagogische Revolution. Damit wird aber nur akzeptiert, was ohnehin schon seit jeher eine Tatsache ist: Kollektive Lehrpläne im Sinne von Leistungsstandards, die im Laufe eines Schuljahres von allen Kindern erreicht werden, wurden zu keiner Zeit und werden auch heute nicht erfüllt. Es ist ein pädagogischer Widerspruch, wenn in Schulgesetzen einerseits die Individualisierung des Unterrichts verlangt wird und anderseits das Erreichen von Lernzielen, die für alle verbindlich sind. Man kann nicht beides haben. Bisher wurde auf die Erfüllung der Lernziele gesetzt, und die Kultusministerien und Schulen gaben vor, sie würden auch wirklich erfüllt. Doch faktisch war dies nie der Fall.

Obwohl an alle Kinder Jahr für Jahr die gleichen Anforderungen gestellt werden, sind die Kinder nach neun obligatorischen Schuljahren unterschiedlicher als je zuvor. In Deutschland, Österreich und der Schweiz haben zehn bis 20 Prozent der 15-jährigen Schüler eine Lese- und Mathematikkompetenz nicht von Oberstufenschülern, sondern von Viert- bis Sechstklässlern (Grafik 8). Das bedeutet, dass mehrere hunderttausend Jugendliche eines Jahrgangs in ihrer gesamten Schulzeit die Lernziele nie erreicht haben. Ähnliches gilt auch für andere Fächer.

Den Lehrern ist dies nicht als Versagen anzulasten, denn sie bemühen sich im Allgemeinen sehr. Für die großen Unterschiede zwischen den Schülern sind offensichtlich Einflüsse verantwortlich, die deutlich stärker sind als die gleichmacherischen Bemühungen der Schule: unterschiedliche Anlage, andere Lernerfahrungen bei gleichen Lehrplänen und verschiedene außerschulische Lebensbedingungen. Die Schule sollte sich endlich eingestehen, dass sie diese Kräfte nicht auszuschalten vermag. Ihr Ziel sollte sein, die Kinder mit ihren unterschiedlichen Begabungen möglichst gut zu fördern.

Die Einführung von individuellen Lernzielen würde konsequenterweise zur Abschaffung von Einheitsprüfungen für die ganze Klasse führen. Können und sollen dann Kinder überhaupt noch beurteilt werden? Auch hier rührt sich Widerstand, aber das konventionelle Notensystem macht bei einem individualisierten Unterricht tatsächlich keinen Sinn mehr. Denn es ist nicht einsichtig, die Latte bei allen Schülern gleich hoch anzusetzen, wenn die Schüler einen völlig unterschiedlichen Entwicklungsstand aufweisen. Wenn man akzeptiert, dass der individualisierte Unterricht nicht nur eine technische Modifikation darstellt, sondern eine kleine pädagogische Revolution bedeutet, dann muss man auch bereit sein, dieses Opfer zu bringen. Es führt zu einer echten Verbesserung: Wenn die Noten nicht mehr als Druckmittel zum Lernen eingesetzt werden können, muss der Unterricht so gestaltet werden, dass die Kinder von sich aus lernen wollen. Dazu müssen die Voraussetzungen, wie sie in Teil I beschrieben werden, gegeben sein.

Die Abschaffung von Noten bedeutet keineswegs, dass der Lehrer auf eine Beurteilung des Kindes verzichten soll. Im Gegenteil, beim individualisierten Unterricht ist der Lehrer auf ein Beurteilungsmittel angewiesen, das weit differenzierter sein muss als Noten. Sogenannte Kompetenzraster oder Portfolios, die in den letzten Jahren entwickelt wurden, erlauben ihm, den Entwicklungsstand eines Kindes möglichst genau und konkret zu erfassen und zu beschreiben, beispielsweise die Kompetenz beim Schreiben eines Textes oder das Verständnis für Zahlen und mathematische Operationen. Im Gegensatz zum abstrakten Notensystem ermöglicht ein solches Beurteilungsmittel dem Lehrer auch, die nächste Lernstufe für das Kind zu bestimmen und das Arbeitsmaterial dementsprechend auszuwählen.

Wenn wir den Unterricht kindgerechter gestalten wollen, dann müssen weitere heilige Kühe wie etwa die 45-Minuten-Unterrichtsstunde oder der ausschließliche Frontalunterricht geschlachtet werden. Ein Blick zurück kann da hilfreich sein: Anlässlich der Konferenz der deutschen Gymnasialdirektoren von 1904 entbrannte ein heftiger Streit unter den Gymnasiallehrern, ob im Unterricht Schülerfragen überhaupt zugelassen werden dürften. Es wurde unter anderem vorgebracht, dass das Einbeziehen der Schüler eine effektive Vermittlung von größtmöglichem Fachwissen verhindern würde (Heidemann 2007). Im Rückblick mutet dieser Streit absurd und anachronistisch an. In einigen Jahrzehnten trifft dies hoffentlich auch auf unsere aktuelle Diskussion über so manche Praktiken der heutigen Schule zu. Warum zwingen wir Kinder, während 45 Minuten ruhig zu sitzen? Es gibt keine vernünftige entwicklungspsychologische Begründung, weshalb eine Unterrichtsstunde genau 45 Minuten dauern muss. Diese Regelung soll in den Klosterschulen des Mittelalters ihren Ursprung haben, was sie deshalb nicht kindgerechter macht. Doch statt uns über die Vor- und Nachteile der verschiedenen Unterrichtsformen zu streiten, sollten wir uns klar darüber werden, wie Kinder lernen. Auch Frontalunterricht lässt ein gewisses Maß an Individualisierung zu, und bei Teamarbeit kann jedes eigenständige Lernen durch zu rigide Vorgaben und Kontrollen unmöglich gemacht werden. Ein wesentliches Element des individualisierten Unterrichts ist es allem voran, die Kinder richtig zu »lesen« und sich auf sie einzustellen. Wo stehen die Kinder? Und welche Anregung brauchen sie, um interessiert zu bleiben?

Was einen guten Lehrer ausmacht

»Lehrer sollten eine gute Ausstrahlung haben, sonst verderben sie uns den Tag«, meinte ein Schweizer Schuljunge, als er gefragt wurde, was er sich für Lehrer wünschen würde. Als Lehrer drei, vier oder gar mehr Stunden am Tag vor einer Klasse zu stehen ist eine extrem anspruchsvolle und kraftraubende Aufgabe. Zusätzlich sind die Anforderungen an Lehrerinnen und Lehrer in den letzten 20 Jahren gestiegen, sowohl in fachlicher und sozialer Hinsicht als auch was die Vorbereitung und Weiterbildung betrifft. Die Rahmenbedingungen sind ebenfalls schwieriger geworden, weil unter anderem die Klassen heute wieder

größer, vor allem auch heterogener sind. Hinzu kommt, dass die Lehrer wenig Anerkennung und aufmunternde Signale aus Bildungspolitik und Verwaltung erhalten, sondern spätestens seit PISA von einer Reform in die nächste gehetzt werden, was in der Lehrerschaft zusätzliche Verunsicherung und einen enormen bürokratischen Leerlauf auslöst. Stark gestiegen sind schließlich die Ansprüche der Eltern, die Beurteilungen ihrer Kinder von Lehrern nicht mehr als gottgegeben hinnehmen. Dass diese Umstände einen beträchtlichen Teil der Lehrerinnen und Lehrer an den Rand des Erträglichen bringen, ist nur verständlich. Es steht außer Frage: Die Rahmenbedingungen müssen für Schule und Lehrer verbessert werden, damit es wieder Freude macht, Lehrerin oder Lehrer zu sein – denn nur so kann es den Schülern gut gehen. Dazu gehört aber auch die Einsicht, dass die besten Strukturen wenig nützen ohne gute Lehrkräfte.

Es muss schon nachdenklich stimmen, wenn der Erziehungswissenschaftler Ulrich Herrmann sagt, dass er »auf Schritt und Tritt Lehrer antrifft, die Kinder nicht mögen und weder gewillt noch im Stande sind, sich auf sie einzulassen« (*Der Spiegel* 2003). Es gebe Lehrer, die ihre Schüler als »Rotz an meinem Ärmel« empfinden und die ganze Klasse als einen einzigen großen Störfaktor. Dahinter verbirgt sich nicht selten ein Gefühl des Beleidigtseins. Insbesondere Gymnasiallehrer glauben immer wieder, die Schüler seien zu dumm, um ihre grandiosen fachlichen Fähigkeiten würdigen zu können. Die Frage ist bloß, ob hier jemand unterrichtet, der im Grunde lieber eine wissenschaftliche Karriere gemacht hätte, anstatt vor einer Klasse zu stehen, die ihn pädagogisch herausfordert.

Es macht die Sache auch nicht besser, wenn es heißt, der Betreffende müsse ja bloß noch ein paar Jahre bis zu seiner Pensionierung ausharren. Für die Kinder ist jedes schlechte Jahr eines zu viel. Solche offensichtlich unbegabten Lehrer sollten wir unseren Kindern ersparen.

Was also ist ein guter Lehrer? Die Grundvoraussetzung ist der Eros paedagogicus. Der Lehrer mag Kinder, interessiert sich für ihr Wesen und ihre Entwicklung, findet Befriedigung darin, wenn sie sich gut entwickeln und er sie dabei unterstützen kann. Er freut sich, wenn es ihm gelingt, den Unterrichtsstoff so zu vermitteln, dass er von den Schülern mit Interesse aufgenommen wird. Gute Lehrer mögen nicht nur die leistungsstarken, sondern auch die schwachen Kinder. Sie wissen, wie Kinder ticken und wie mit ihnen erzieherisch umzugehen ist. Sie freuen sich am Erfolg der Kinder und sind nicht persönlich beleidigt, wenn ein Kind etwas nicht begriffen hat. Das mag banal klingen, doch es ist bedauerlich, dass man diese fundamentalen Voraussetzungen in der pädagogischen Diskussion kaum noch für erwähnenswert hält. In der heutigen Pädagogik dominieren Fachwissen, Methodik und Didaktik. Doch ein Lehrer, der keine vertrauensvolle Beziehung zu einem Schüler aufbauen kann, wird nie ein guter Lehrer sein. Das gilt für alle Schulstufen. Wenn ein Gymnasiallehrer meint, er könne sich im Gegensatz zu einem Grundschullehrer ausschließlich auf sein Fach konzentrieren, dann irrt er sich. Gerade auf der Sekundarstufe beklagen sich Jugendliche immer wieder über ungenügende oder gar fehlende Beziehungen zu ihren Lehrern. Im Übrigen lässt sich die Beziehungsebene weder in der Familie noch im Berufsleben ohne nachteilige

Folgen ausklammern. Wieso sollte das in der Schule erlaubt sein?

Ein Lehrer unterrichtet in erster Linie Kinder und nicht Fächer. Anstatt die Lehrerinnen und Lehrer auf Fachlehrer zu reduzieren, sollte man ihnen wieder ermöglichen, das zu machen, was sie können und meist auch machen möchten, nämlich sich mit Kindern zu befassen. Damit bekommt der Lehrberuf wieder sein ursprüngliches und hoffentlich auch zukunftsorientiertes Profil. Die Fächer selbst erlauben dem Lehrer zumeist nur sehr beschränkte eigene Entwicklungsmöglichkeiten. Wenn er sein ganzes Selbstwertgefühl auf die Fächer legt, erstaunt es nicht, wenn er nach wenigen Jahren frustriert den Beruf wechselt. Ein Lehrer jedoch, der sich als Entwicklungsspezialist und Lernbegleiter für Kinder und Jugendliche begreift, wird sich nie langweilen. Wie gehe ich am besten mit einem Kind um, das eine Leseschwäche hat? Wie bringe ich ein zurückhaltendes Kind auf Touren, und was kann ich einem begabten Kind bieten, damit es sich nicht langweilt? Jedes Kind ist einzigartig. Kinder werden so zu einem lebenslangen Thema. Die pädagogische und nicht nur die fachliche Kompetenz sollte das wichtigste Karrierekriterium sein und selbstverständlich von der Gesellschaft auch finanziell entsprechend honoriert werden.

Viele junge Leute ergreifen vor allem deshalb den Lehrerberuf, weil das Studium kurz und wenig wissenschaftlich und der Beruf besonders gut mit der Familie vereinbar ist (Denzler und Wolter 2008; Schaarschmidt 2005, 2006). Das bedeutet, dass die Berufswahl erst in zweiter Linie etwas mit dem Inhalt der Arbeit zu tun hat. Manchem Lehrer fällt es zudem schwer, sich mit seinem Beruf zu identifizieren, manchem ist es gar unangenehm, wenn er im privaten Kreis nach seiner Arbeit gefragt wird. Wenn sich der Lehrer nicht allein durch seine Fachkompetenz profiliert, sondern wieder vermehrt am Kind orientiert, wird der Beruf wieder attraktiv für junge Menschen und kann mit Stolz in der Öffentlichkeit vertreten werden. Dazu gehört aber auch eine positive Selektion der Anwärter, wie man sie in Finnland praktiziert.

»Es gibt zu viele Lehramtsstudierende, denen die Basisvoraussetzungen für ihren Beruf fehlen. Das sind neben der psychischen Belastbarkeit vor allem eine optimistische und aktive Lebenseinstellung sowie die erforderlichen sozial-kommunikativen Fähigkeiten. Dazu gehören Geschick und Freude im Umgang mit Kindern und Jugendlichen.« (Schaarschmidt 2006) Wie lässt sich vermeiden, dass – im Interesse der Kinder, aber auch der Studierenden – die falschen Menschen Lehrer werden? Es ist ausschlaggebend, wer sich für den Beruf entscheidet und wie die Hochschule ihre Studenten auswählt. Das Abitur gewährleistet in keiner Weise, dass die pädagogischen und sozialen Kompetenzen, die einen guten Lehrer ausmachen, bei den Hochschulstudenten auch wirklich vorhanden sind. Die beträchtliche Zahl von Studienabbrechern und Berufsaussteigern nach wenigen Jahren Lehrtätigkeit spricht stark dafür, dass der gegenwärtige Selektionsmodus mit Eignungstests und Gesprächen nicht greift. Das zuverlässigste Auswahlkriterium, das auch in Finnland Anwendung findet, ist ein ausreichend langes Praktikum, um die wirklich Interessierten herauszufiltern und jene mit falscher oder fehlender Motivation vor einem solchen Studium zu bewahren.

In Finnland, wo sich zehn Personen auf einen Studienplatz an den Pädagogischen Hochschulen bewerben, müssen die Kandidaten ein halbjähriges Vorpraktikum ablegen, um sich zum Studium anmelden zu dürfen. Nur beim längeren praktischen Umgang mit Kindern stellt sich heraus, ob jemand dieser anspruchsvollen Aufgabe wirklich gewachsen ist.

Studenten werden später so Schule halten, wie sie unterrichtet worden sind. Die Qualität der Lehrer kann immer nur so gut sein wie diejenige der Dozenten an den Ausbildungsstätten. Nur wenn die angehenden Lehrer im Studium nicht mehr zu Einzelkämpfern ausgebildet werden, darf man erwarten, dass sie sich in der Schule als teamfähig erweisen. Studenten müssen lernen, wie man zusammen arbeitet, Lernmaterial austauscht, sich gegenseitig beim Unterrichten unterstützt, konstruktive Kritik äußert und auch akzeptieren kann. Doch das geschieht an vielen Hochschulen leider immer noch viel zu wenig. Pädagogik ist kein abstraktes Fach wie theoretische Physik, sondern eine Erfahrungswissenschaft. Vorlesungen mögen noch so gut sein, praktische Erfahrungen sind besser. Das gilt auch in Bezug auf das Kind und seine Entwicklung. Selbstverständlich sollten Pädagogikstudenten Vorlesungen über Entwicklungspsychologie hören, damit sie eine Vorstellung davon bekommen, wie sich Kinder entwickeln und wie groß die Vielfalt unter ihnen ist. Es wäre aber eine Illusion zu erwarten, dass Vorlesungen über das Stufenmodell der psychosozialen Entwicklung von Erik Erikson oder über die Moralentwicklung nach Lawrence Kohlberg die Studenten in irgendeiner Weise dazu befähigen, mit Kindern kompetent umzugehen. Ein Medizinstudent lernt die Anatomie und Funktionsweisen des menschlichen Körpers im Detail kennen, ist aber nach dem Studium nicht im Entferntesten in der Lage, auch nur eine einfache Operation wie eine Blinddarmentfernung durchzuführen. Unter der Aufsicht eines erfahrenen Chirurgen muss der Assistenzarzt mindestens fünf Jahre lang operieren, um zu einem kompetenten Facharzt zu werden, dem wir uns anvertrauen dürfen. Und ein angehender Lehrer? Wie viel Begleitung braucht er, um ein kompetenter Lehrer zu werden, der mit Überzeugung vor seinen Schülern steht und sie für den Unterrichtsstoff begeistern kann? Der über ein Konzept verfügt, wie er mit Konflikten umgehen will? Dem es Freude bereitet, einem Kind mit Teilleistungsschwäche auf die Sprünge helfen zu können? Wie viele Stunden Rollenspiel und Supervision in Gesprächsführung sind nötig, damit der Lehrer kompetent und glaubwürdig mit Eltern über die Lernschwierigkeiten ihres Kindes sprechen kann? Die Einführung in die Schulpraxis scheint derzeit noch völlig unzureichend zu sein, sonst würden nicht so viele Lehrer beklagen, sie hätten sich das Unterrichten autodidaktisch oder durch learning by doing beibringen müssen. Und es gäbe nicht so viele Hochschulabsolventen, die nie eine Klasse unterrichten, weil sie es sich nicht zutrauen und fürchten, dabei unterzugehen.

Eine Hochschule, die angehenden Pädagogen das nötige Rüstzeug mitgeben will, achtet darauf, dass Dozenten und Studenten sozial kompetent sind. Bestimmend sind nicht nur Forschungsprojekte, sondern auch der konkrete Umgang mit Kindern und Eltern sowie mit Kollegen und anderen Fachleuten wie Heilpädagogen. Der Schwerpunkt liegt nicht nur auf Vorlesungen und Seminaren über Didaktik und Methodik, sondern auf praktischen Erfahrungen in Schulen. Die Studenten lernen selbstbestimmt und erhalten einen individualisierten Unterricht. Teamwork, Coaching, gemeinsames Lernen und Austausch von Erfahrungen haben einen hohen Stellenwert.

Wie man gleiche Chancen für alle Kinder schafft

Chancengerechtigkeit im Bildungssystem bedeutet nicht, dass sich alle Kinder gleich entwickeln. Sie schafft vielmehr die Voraussetzungen dafür, dass die Schule allen Kindern gemäß ihren individuellen Voraussetzungen zum größtmöglichen schulischen Erfolg verhilft und insofern Gerechtigkeit herstellt. In einem fairen Bildungssystem erbringen nicht alle Schüler gleich gute Leistungen und erwerben langfristig gleich hohe Kompetenzen, sondern jedes Kind kann sein individuelles Entwicklungspotenzial möglichst gut ausschöpfen.

Sowohl in Deutschland als auch in der Schweiz und in Österreich sind wir von Chancengerechtigkeit noch weit entfernt. Der Schulerfolg wird – trotz aller Reformbemühungen vergangener Jahre – immer noch entscheidend durch die soziale Herkunft des Kindes bestimmt. Kinder aus bildungsfernen Schichten sind am stärksten benachteiligt, also vorwiegend Kinder und Jugendliche mit Migrationshintergrund, in zunehmendem Maß aber auch einheimische Kinder aus unteren sozialen Schichten (Konsortium Bildungsberichterstattung 2006; Moser 2007; OECD 2007). Die Benachteiligung, die diese Kinder erleiden, ist nicht nur eine Folge schulischen Versagens oder mangelnder Unterrichtsqualität, sondern vor allem auch das Resultat einer ungenügenden Integration während der Vorschulzeit und Schulzeit sowie einer oftmals fehlenden Unterstützung durch die Eltern während der Schulzeit.

Die ersten fünf Lebensjahre sind von entscheidender Bedeutung für die Entwicklung und Sozialisierung eines Kindes. Finden in dieser Zeit soziale Integration und Entwicklungsförderung nicht oder nur ungenügend statt, fehlen dem Kind wichtige Grundkompetenzen, die es in der Schule im schlimmsten Fall während der gesamten Schulzeit nicht mehr vollständig aufholen kann. Wächst ein Kind in den ersten Jahren in einer sozial kaum integrierten fremdsprachigen Migrationsfamilie auf, läuft es im Kindergarten Gefahr, wegen fehlender Sprachkompetenz und ungenügender Sozialisierung in die Rolle eines Außenseiters abgedrängt und bleibend ausgegrenzt zu werden.

Bildungspolitik ist immer auch Sozialpolitik. Je länger die Einführung breit angelegter und wirksamer familienergänzender Tagesstrukturen hinausgezögert wird, desto länger bleibt die Schule eine nacherzieherische Nothilfestation, doch das ist im Grunde nicht ihre Funktion. »Bildung beginnt am Wickeltisch« (Moser und Lanfranchi 2008), und das bedeutet, dass für eine nachhaltige Verbesserung die Ressourcen verstärkt in die Vorschul- und ersten Grundschuljahre gelenkt werden müssen. Gleichzeitig soll aber den zugewanderten Eltern auch bewusst gemacht werden, dass die Entwicklung ihrer Kinder umso besser gelingt, je stärker die Kinder und sie selbst in die Gesellschaft integriert sind. Eine gute Integration der Kinder muss langfristig auch im Interesse der Eltern sein, denn die große Mehrheit der Kinder wird hier bleiben und nie mehr in das Herkunftsland der Eltern zurückkehren. Die gesellschaftliche Integration ist von den Einwanderern jahrelang kaum eingefordert worden; eine falsch verstandene Toleranz gegenüber den Einwanderern hat deren hier geborenen Kindern geschadet. In klassischen Einwanderungsländern wie Kanada haben die Immigrantenkinder deutlich bessere schulische Chancen, weil die Eltern sich selbst und ihre Kinder integrieren wollen (OECD 2007). Der Wille zur Integration ist dort viel stärker, weil die große Mehrheit der Eltern nicht daran denkt, in ihr Herkunftsland zurückzukehren. Ihr Wunschland ist nicht mehr das Herkunftsland, sondern das Land, in dem sie jetzt leben. Das ist psychologisch ein großer Unterschied zu vielen Immigranten in Westeuropa, die nur zum Arbeiten nach Europa gezogen sind und irgendwann wieder in ihr Heimatland zurückkehren möchten. Dass ihre Kinder nicht mitgehen werden, verdrängen viele Eltern aus verständlichen Gründen. Sie befürchten, ihre Kinder könnten durch die Integration ihre kulturellen und religiösen Traditionen verlieren, und nicht selten erschweren oder verhindern sie deshalb eine ausreichende Integration ihrer Kinder und Enkel. Bei keiner anderen Schicht lässt sich die schulische Chancengleichheit ähnlich stark verbessern wie bei den Kindern mit Migrationshintergrund, indem die Rahmenbedingungen für die familiäre Integration verbessert werden (Wössmann 2007; Stamm 2010).

Als eine der ersten Städte im deutschsprachigen Raum hat Basel ein Integrationsprojekt für Kleinkinder umgesetzt, andere Schweizer Städte sind Basel gefolgt (Edelmann 2010). Kinder, die entweder ungenügend oder überhaupt nicht Deutsch sprechen, werden spätestens im Alter von drei Jahren in Spielgruppen oder Kitas aufgenommen, wo sie zusammen mit anderen deutschsprachigen Kindern ganzheitlich gefördert werden. Die Mütter und wenn möglich auch die Väter werden in das Integrationsprogramm eingebunden. Sie besuchen Sprachkurse und werden mit den kulturellen und sozialen Gegebenheiten der Stadt vertraut gemacht.

Fühlt sich die Schule nicht nur der Ausbildung, sondern auch der Bildung im besten Sinne verpflichtet, dann muss sie sich darum bemühen, auch in diesem Bereich so weit wie möglich Chancengerechtigkeit herzustellen. Dabei geht es nicht nur darum, Wissens- und Erfahrungsdefizite zu kompensieren, sondern auch um soziale Integration und die Bedeutung, die wir in unserer Gesellschaft und Kultur der Welt, dem Zusammenleben und letztlich uns selbst zuschreiben. Eine zentrale Rolle können dabei Ganztagsschulen spielen. Sie vermögen nicht nur Defizite von Fertigkeiten und Wissen zu kompensieren, sie können auch verschiedenste Aktivitäten wie Theaterspielen, Musizieren oder Sport anbieten. Indem sie die Kinder immer auch sozial einbinden, leisten sie einen wichtigen Beitrag zur Integration der Kinder.

Chancengerechtigkeit ist erst dann wirklich erreicht, wenn nicht nur die schulische, sondern auch die berufliche Ausbildung zu einer Integration in Gesellschaft und Wirtschaft führt. Viele Eltern sind immer noch der Meinung, das Abitur sei ein garantiertes Eintrittsticket in das Erwerbsleben. Das wäre dann gewährleistet, wenn das Abitur zuverlässig zu einem erfolgreichen Abschluss an einer der weiterbildenden

Institutionen und zur Berufstätigkeit führen würde. Der hohe Prozentsatz von Studienabbrüchen und das Ansteigen eines Akademikerproletariats zeigen aber, dass dies immer weniger der Fall ist.

Wenn die Annahme zutrifft – und dafür sprechen alle Studien –, dass die Begabungen in der Bevölkerung sehr unterschiedlich ausgebildet sind, muss das Bildungssystem dieser Vielfalt Rechnung tragen. Ein Volk von Abiturienten mit unbeschränktem Zugang zur Universität kann daher nicht erstrebenswert sein, weil es dem Begabungsprofil der Bevölkerung nicht entspricht. In Deutschland schließen 38 Prozent, in gewissen Bundesländern bis zu 50 Prozent der jungen Menschen die Schule mit dem Abitur ab, in Finnland sind es sogar 80 Prozent. In der Schweiz begnügen wir uns mit einer Maturitätsquote von 18 Prozent, was uns von der OECD eine Rüge eingetragen hat, die Quote sei für Europa viel zu tief und müsse unbedingt erhöht werden. Die Schweiz setzt seit jeher auf ein gut ausgebautes duales Bildungssystem, das jedes Individuum seinen Begabungen entsprechend nutzen kann. Die Mehrheit der Jugendlichen strebt keine Maturität an, sondern absolviert eine Berufslehre. Diejenigen, die sich weiterbilden wollen, haben die Möglichkeit, über den Erwerb einer Berufsmaturität an einer Fachhochschule und Universität zu studieren. Für dieses differenzierte Bildungssystem spricht, dass die Schweiz seit Jahrzehnten eine der weltweit tiefsten Arbeitslosenraten, insbesondere bei jungen Menschen unter 25 Jahren, aufweist (zwei bis fünf Prozent). In Deutschland beträgt die Arbeitslosenquote unter jungen Erwachsenen zehn und in Finnland gar 23 Prozent (OECD; Stand Dezember 2009). Für die niedrige Arbeitslosenquote in der Schweiz gibt es verschiedene, vor allem auch wirtschaftliche Ursachen. Allen voran werden die jungen Menschen frühzeitig und möglichst ihren Begabungen gemäß in Gesellschaft und Wirtschaft integriert. Damit soll die Schweiz keineswegs als ein Musterland in der Bildungslandschaft dargestellt werden. Auch ihr Bildungssystem weist zahlreiche große Baustellen auf, doch in diesem Punkt ist es erfolgreich.

Eine zeitgemäße Bildungspolitik sollte Chancengerechtigkeit während der ganzen Kindheit herstellen und der Vielfalt der individuellen Begabungen mit einer differenzierten schulischen und beruflichen Ausbildung möglichst gerecht werden.

Warum gemeinsames Lernen sinnvoll ist

In Deutschland und Österreich ist die Gesamtschule seit ihrer Gründung in den späten 1960er Jahren politisch höchst umstritten. Sie war ursprünglich Bestandteil von Bildungspostulaten, die zwar gut gemeint waren, aber von der falschen Prämisse ausgingen: Unterschiedliche schulische Leistungen sind ausschließlich eine Folge diskriminierender gesellschaftlicher und schulischer Strukturen. Aus jedem Kind lässt sich grundsätzlich ein Gymnasiast machen, wenn das Umfeld stimmt. Die Erwartung war: In Gesamtschulen gibt es keine Benachteiligung, und alle Kinder können sich gleich entwickeln. All dies hat sich als Illusion herausgestellt. Chancengerechtigkeit, die leider für Kinder aus bildungsfernen Familien nach wie vor nicht hergestellt ist, kann Kinder nicht gleichmachen. Die Vielfalt unter Kindern ist eine biologische Realität, die mit keiner Bildungsreform zum Verschwinden gebracht werden kann. Und doch vermag die Gesamtschule am ehesten Chancengerechtigkeit herzustellen, weil sie diejenige Schulform ist, die der Vielfalt unter Kindern noch am besten gerecht wird. Oder in Abwandlung des berühmten Zitates von Churchill über die Demokratie: Die Gesamtschule ist die schlechteste aller Schulformen – mit Ausnahme aller anderen.

»Seit der Diskussion über die Gefahren und Chancen der Atomenergie wurde keine Diskussion mehr mit so viel Fanatismus, ideologischer Verblendung, intellektueller Selbstfesselung und manipulierten Statistiken geführt wie die Frage, ob eine gemeinsame Schule aller zehn- bis 14-Jährigen zu mehr Chancengleichheit oder zu einer noch größeren Nivellierung nach unten führt.« (Salcher 2008) Die Heftigkeit dieser Diskussion lässt sich nachvollziehen, wenn man davon ausgeht, dass es nicht nur um eine Auseinandersetzung unterschiedlicher pädagogischer Standpunkte geht, sondern um einen seit 100 Jahren dauernden Klassenkampf im Bildungswesen. Es ist ein Ringen um Sozialprestige und ökonomische Ressourcen unter Eltern und Lehrern. Preisendörfer (2008) stellt fest: Offiziell wird das Postulat der schulischen Chancengerechtigkeit zwar von keiner Seite bestritten, doch eigentlich seien es nur »schöne Sonntagsreden des Bürgertums«. Dem akademischen Mittelstand gehe es in Wahrheit »um bloße Besitzstandswahrung des Bildungsprivilegs für den eigenen Nachwuchs«. Die akademische Mittelschicht habe »vor nichts mehr Angst als vor dem Abstieg und sucht sich mit allen Mitteln die Konkurrenz von unten vom Leib zu halten«. In Deutschland sieht Preisendörfer den Grund für die frühe Selektion in den bürgerlichen Kreisen, die der Einführung der deutschen Volksschule im Jahr 1920 nur unter der Bedingung zustimmten, dass ihre Kinder nicht länger als vier Jahre »mit Krethi und Plethi in den gleichen Bänken« sitzen müssen, »womöglich Ellbogen an Ellbogen mit den Kindern des eigenen Personals«. Daran hat sich bis heute wenig geändert. In Deutschland und Österreich werden Schulkinder im internationalen Vergleich sehr früh auf verschiedene Schultypen aufgeteilt, zumeist bereits nach vier Schuljahren; in der Schweiz nach sechs und in Finnland erst nach neun Schuljahren.

Die Gegner der Gesamtschule fürchten nichts mehr, als dass innerhalb einer Klasse die guten Schüler, vornehmlich ihre eigenen Kinder, von den schwächeren hinuntergezogen werden. Doch die PISA-Resultate in Finnland zeigen, dass genau dies nicht der Fall sein muss. Von allen OECD-Staaten ist in den finnischen Gesamtschulen die Chancengerechtigkeit am besten gewahrt und fällt die schulische Leistungsfähigkeit am höchsten aus (OECD 2006). Es ist richtig, dass in den finnischen Klassen die soziale und kulturelle Heterogenität weit weniger ausgeprägt ist als in den Schulen Mitteleuropas. Die Vielfalt unter den finnischen Kindern ist aber genauso groß wie in Deutschland oder der Schweiz. Gesamtschulen sind also zumindest kein Nachteil, was ja auch deutsche Schulen wie die Helene-Lange-Schule in Wiesbaden oder die Montessori-Schule in Potsdam (Kegler 2009) bewiesen haben. Aber Schulstrukturen allein machen noch kein gutes Bildungswesen aus.

Eine Gymnasialklasse: 14 Mädchen und 6 Jungen

Der Erfolg dieser beiden Schulen wie auch der finnischen Gesamtschulen liegt weniger an den Strukturen als vielmehr an deren kindgerechteren pädagogischen Grundhaltung.

Eine frühe Selektion ist pädagogisch nicht mehr haltbar. In der vierten Klasse lässt sich das schulische Entwicklungspotenzial eines Kindes nicht zuverlässig abschätzen und voraussehen. So hat denn auch die frühe Selektion gravierende negative Auswirkungen. Sie verbaut vielen Kindern eine erfolgreiche Schulkarriere. Dies gilt insbesondere für die Jungen, die im Alter von zehn Jahren in ihrem Entwicklungsprozess im Durchschnitt mindestens ein Jahr hinter den Mädchen zurückliegen. Deswegen erstaunt es auch nicht, dass im Gymnasium lediglich 40 Prozent der Schüler Jungen sind. Für alle Kinder findet Jahr für Jahr ein gigantischer Drill statt, bei dem die bildungsnahen Eltern alles unternehmen, damit ihre Kinder möglichst ins Gymnasium eingeteilt werden. Weil man dazu einen bestimmten Notendurchschnitt braucht, wird der Notendruck bereits in die unteren Klassen vorverlegt. Das führt zu einer Förderwut, die nicht nur für das Kind, sondern oft auch für die Eltern einen immensen Stress bedeutet und die Lernmotivation vieler Kinder dauerhaft beschädigt.

Das Dilemma für die Bildungspolitiker besteht zusätzlich darin, dass das gegliederte Schulsystem genauso umstritten ist wie die Gesamtschule, weil es erwiesenermaßen Ungerechtigkeiten schafft. Es ermöglicht etwa der Hälfte der Kinder eine privilegierte Schulkarriere, während die andere Hälfte definitiv benachteiligt wird. Mit dem gegliederten Schulsystem sollen homogene Lerngruppen geschaffen werden, was aber nicht gelingen kann. Die Wahrscheinlichkeit, dass ein Schüler zufällig dem Gymnasium oder der Realschule zugeteilt wird, ist groß. Das Gleiche gilt für die Zuteilung zur Real- oder Hauptschule. Die Trennlinien werden in jenen Bereichen gezogen, wo sich die Mehrheit der Schüler befindet. So entscheidet für zahlreiche Schüler der Zufall, ob sie sich links oder rechts von der Trennlinie wiederfinden. Sowohl deutsche (Bos 2003) wie Schweizer Studien (Moser et al. 2003a) haben ergeben, dass ein erheblicher Prozentsatz der Schüler einer Schule zugeteilt wird, die unter ihrem Leistungsvermögen liegt. So erbringen manche Hauptschüler zumindest in einem Fach die gleichen Leistungen wie Real- oder gar Gymnasialschüler. Das gegliederte Schulsystem kann sein Ziel auch deshalb nicht erreichen, weil die Kompetenzen bei jedem Schüler unterschiedlich ausgebildet sind. Schüler sind in den verschiedenen Fächern auf ganz unterschiedlichem Niveau leistungsfähig. Der eine Schüler ist gut in Mathematik und schwach in den Sprachen – bei einem anderen verhält es sich genau umgekehrt. Nach welcher Leistung soll nun ausgelesen werden? Heute wird eher nach den sprachlichen Leistungen selektiert, was die Jungen benachteiligt.

Der Bildungsforscher Wilfried Bos meint: »Die Übergangsempfehlungen der Lehrer haben oft wenig mit den Fähigkeiten der Schüler zu tun.« (Bos 2003) Er spielt darauf an, dass sich hinter der Selektion häufig eine soziale Diskriminierung versteckt, weil der Lehrer sich bewusst oder unbewusst vom sozialen Stand der Eltern beeinflussen lässt. Besonders häufig davon betroffen sind Schüler aus Familien mit Migrationshintergrund (Imdorf 2002). Fördert der Lehrer den Sohn eines türkischen Hilfsarbeiters weniger als den Sohn eines deutschen Hochschulprofessors, dann fällt dies umso mehr ins Gewicht, weil der Sohn des Hilfsarbeiters ohnehin mit deutlich geringerer familiärer Unterstützung für seine Schulkarriere rechnen kann. Er ist nicht nur unterfordert, sondern beginnt auch zu rebellieren, weil er die Diskriminierung als pseudoschwacher Schüler sehr genau realisiert.

Gegliederte Schulsysteme werden den Kindern aus folgenden Gründen nicht gerecht:

- Es wird auf Grund von Noten und Prüfungen und nicht von Kompetenzen ausgewählt/selektiert. Die Zuteilung ist zudem oft willkürlich, weil sie von Unterstützungsformen wie Nachhilfeunterricht abhängt, die das eine Kind bekommt und das andere nicht.
- Die unterschiedliche Ausprägung der Kompetenzen wie Sprache oder Mathematik beim einzelnen Kind führt

dazu, dass es je nach Kompetenz ins Gymnasium, die Real- oder Hauptschule gehören würde.
- Schüler in Real- und Hauptschulen können nicht die gleichen Lernerfahrungen wie im Gymnasium machen, weil der Lernstoff ein anderer ist. Darin besteht die größte Ungerechtigkeit.

Die Gesamtschule wird den individuellen Bedürfnissen der Kinder besser gerecht als das gegliederte Schulsystem. Die finnischen Gesamtschulen und eine Reihe gut geführter deutscher Gesamtschulen beweisen, dass es pädagogisch möglich ist, Chancengerechtigkeit herzustellen und den Kindern eine individuell erfolgreiche Schulkarriere zu gewährleisten. Die Voraussetzungen dafür sind ein kindgerechtes pädagogisches Konzept und ausreichende Rahmenbedingungen wie kleine Schulklassen. Wir müssen aufhören, Stellvertreterdiskussionen zu führen, und uns endlich der Frage stellen, ob dem Bildungssystem weiterhin ein fragwürdiges Leistungsprinzip und ein elitäres Verständnis der Gesellschaft oder aber der Gedanke von Chancengerechtigkeit und Solidargemeinschaft zu Grunde liegen sollen.

Wir können nicht gleichzeitig eine Segregation in der Schule betreiben und glauben, die gesellschaftliche Integration werde sich später von selbst einstellen. Dabei werden nicht nur die Migrantenkinder, sondern alle sozial benachteiligten Kinder langfristig ausgegrenzt. Das Auseinanderdriften der sozialen Schichten wird weiter zunehmen. Bleibt den Menschen aus den unteren Schichten der Aufstieg verwehrt und verschlechtern sich zusätzlich die Arbeitsbedingungen, ist die wachsende Frustration nur allzu verständlich. In der Ober- und Mittelschicht verstärkt sich dagegen die erwähnte Abstiegsangst, da ihre Bildungsprivilegien immer weniger gesichert sind. Die Auswirkungen auf die Kinder sind vermehrter Prüfungsstress, noch mehr Nachhilfeunterricht und überfordernde Elitegymnasien. Auf der politischen Ebene geht es um freie Schulwahl, Privatschulen und letztlich um die Verteilung der finanziellen Ressourcen. Wenn wir es nicht schaffen, Bildungsgerechtigkeit herzustellen und solidarisch zu bleiben, werden nicht nur die schulischen, sondern auch die sozialen Probleme zunehmen. Sozialer Frieden und ökonomische Gerechtigkeit sind in einer Wissensgesellschaft ohne Chancengerechtigkeit in der Bildung nicht zu haben.

Wie Schule erfolgreich werden kann

Bildungsforscher und Bildungspolitiker sind seit einigen Jahren dabei, die Schule zu reformieren. Sie halten sich an Konzepte wie die »Neue Theorie der Schule« (Fend 2006), die sich an den folgenden gesellschaftlichen Anforderungen orientieren:

- *Qualifikationsfunktion.* Die Schule reproduziert kulturelle Systeme, indem sie Wissen und Können vermittelt, die zur Ausführung eines Berufs vorausgesetzt werden und für die Teilnahme am gesellschaftlichen Leben erforderlich sind.

- *Selektionsfunktion.* Die Schule reproduziert die Positionsverteilung in der Gesellschaft, indem sie über Prüfungen und Tests – mit dem Ziel der Einhaltung des Leistungsprinzips – die gerechte Verteilung niedriger und hoher sozialer Positionen sicherstellt.
- *Integrations- und Legitimationsfunktion.* Die Schule reproduziert Normen und Werte und gewährleistet damit die gesellschaftliche Integration sowie die Stabilisierung und Legitimation der bestehenden gesellschaftlichen Ordnung.

Die Qualität einer Schule misst sich in dieser Theorie daran, inwieweit Kriterien wie Effektivität, Effizienz und Chancengerechtigkeit in diesen drei Funktionsbereichen erfüllt werden. Sie sollen in wissenschaftlichen Studien regelmäßig überprüft werden. Untersuchungen von Bildungsstandards können durchaus zur Verbesserung der Schulen beitragen. So haben die PISA-Studien einen wichtigen Beitrag geleistet, indem sie aufzeigten, in welchem Ausmaß Kinder aus bildungsfernen Schichten in Deutschland, Österreich und der Schweiz benachteiligt werden. Im Zuge des bildungspolitischen Wettbewerbs drohen aber auch Fehlentwicklungen, die wir unbedingt vermeiden müssen. So können all die Vergleiche zwischen Staaten und Bundesländern wie auch zwischen einzelnen Schulen, Lehrern und nicht zuletzt unter den Schülern selbst den Wettbewerb weiter anheizen. Solch überdrehte bildungspolitische Grabenkämpfe können zu kurzfristigem Denken und Handeln verleiten – ähnlich wie wir es von der Börse kennen.

Eine große Gefahr besteht darin, dass vor allem das gemessen wird, was sich leicht messen lässt. Doch das muss nicht unbedingt das Wesentliche sein. Es ist einfach, eine Multiple-Choice-Frage zu formulieren wie: Was verstehen sie unter Dyskalkulie? Weit schwieriger ist es, das pädagogische Geschick einer Studentin zu beurteilen, mit dem sie ein Kind mit Dyskalkulie beim Rechnen unterstützt. Letzteres wäre aber Ausdruck echter pädagogischer Kompetenz. Eine solche Evaluation ist methodisch wesentlich anspruchsvoller und aufwendiger als eine schriftliche Prüfung. Es wäre aber fatal, deshalb zu kapitulieren und stattdessen weiterhin Dinge zu messen, die einfach zu messen, aber nicht wesentlich sind. Dies hätte zur Folge, dass wir in der Praxis nie genau wissen werden, was wir eigentlich tun, weil wir es weder evaluieren wollen noch können.

Eine schlimme Fehlentwicklung droht, wenn die Bildungswissenschaftler sich nur noch mit dem Messen, Vergleichen und dem Festlegen von Standards beschäftigen und dabei zur Überzeugung gelangen, sie würden damit zugleich das Bildungssystem verbessern. Denn das Wesentliche geht bei all den Vermessungen, die nur quantitative Unterschiede, nicht aber Qualität erfassen, nur allzu leicht verloren: die Bildungsinhalte und pädagogischen Konzepte und vor allem die Bedürfnisse der Kinder, die eigentlich Ausgangspunkt und Grundlage jeder wissenschaftlichen Untersuchung sein sollten.

Die Qualität eines Bildungssystems misst sich längerfristig daran, was und wie Qualität gemessen wird. Ist der Qualitätsbegriff falsch – wie beispielsweise beim konventionellen Notensystem oder Multiple-Choice-Fragen –, wird sich auch das

System in die falsche Richtung entwickeln, weil sich Lehrer und Schüler daran ausrichten (Learning to the test). Eine solche Entwicklung scheint sich in den periodisch wiederholten PISA-Studien bereits anzubahnen.

Vielversprechender, aber auch aufwendiger ist es, nicht die Leistung der Schüler, sondern die Qualität der Schule selbst zu messen. In einer Schweizer Studie lösten die Schüler der besten Klassen doppelt so viele Aufgaben in Deutsch und Mathematik richtig wie die Schüler in den schwächsten Klassen (Moser und Tresch 2003b). Die Leistungsunterschiede waren auf Unterschiede in der Herkunft der Kinder, ihrer kognitiven Fähigkeiten und mehr oder weniger guten Kenntnisse der Erstsprache zurückzuführen, aber vor allem auch auf Unterschiede in der Kompetenz der Lehrer und ihren pädagogischen Konzepten. Motivierten und kompetenten Lehrern gelang es, selbst Klassen, deren Schüler ungünstige Lernvoraussetzungen mitbrachten, zu ausgezeichneten Leistungen zu führen. Die Qualität der Schulen kann am wirksamsten eruiert und verbessert werden, wenn weniger die Leistung als vielmehr das Kind, die Lehrperson und der Unterricht im Klassenzimmer im Zentrum stehen:

- Wie sind die Beziehungen zwischen Lehrern, Kindern und Eltern?
- Welcher Stoff wird gelehrt?
- Wie lernen die Kinder?
- Wie wird unterrichtet?
- Wie werden die Kinder sozialisiert?

Wird die Qualität in allen vier Bereichen als hoch eingeschätzt, darf man von auch von guten Leistungen der Schüler ausgehen.

Heidemann (2007) beschreibt eine Fülle von Möglichkeiten, wie Lehrer ihre pädagogischen Kompetenzen verbessern können. Von Zeit zu Zeit könnte der Lehrer beispielsweise eine Unterrichtsstunde mit der Videokamera aufzeichnen, um die Aufnahmen dann mit einem erfahrenen Kollegen oder mit einem Supervisor zu besprechen. War das Arbeitstempo zu hoch? Wie war die Lernbereitschaft der Kinder? Haben sie die Aufgaben verstanden? Wie hat der Lehrer den Konflikt mit jenem Jungen gelöst, der ständig seinen Nachbarn störte? Warum sitzt Eva völlig unbeteiligt da? Lehrer, die sich auf eine solche Form der Weiterbildung einlassen, erleben das Visionieren ihrer Tätigkeit als eine echte Bereicherung. Sie werden sich bewusst, wie viel ihnen bei den Schülern, aber auch bei sich selbst während der Schulstunde entgangen ist. Und sie sind freudig überrascht, welch große Verbesserungen sie durch diese Beobachtungen im Unterricht erzielen können.

Die Bildungspolitiker haben in den letzten Jahren Reformen angeordnet, die den Lehrern und Schulen immer wieder neue Aufgaben aufbürdeten. Die PISA-Studien verleiten die Bildungsministerien dazu, mit Hilfe von Standards eine Schulpolitik von oben nach unten zu betreiben. Eine solche Drohgebärde an die Lehrer sollte unbedingt vermieden werden. Druck auf die Lehrerschaft wird – wie wir gegenwärtig deutlich demonstriert bekommen – postwendend an die Kinder und Eltern weitergegeben. Erfahrene Bildungspolitiker können zudem bestätigen: Wenn die Lehrer nicht mehr kooperieren, können sie mit passiver Verweigerung das ganze Schulsystem lahmlegen. Wir sollten endlich bereit sein anzuerkennen: Die wirkliche Bildungsarbeit wird nicht von Bildungspolitikern und Bildungswissenschaftlern, sondern von den Lehrern geleistet. Es zeugt von einem großen Misstrauen gegenüber der Lehrerschaft, wenn die Bildungsministerien sie auf dem Verordnungsweg und mit Reformvorhaben immer stärker unter Druck setzen, mit dem Anspruch, damit die Qualität im Bildungssystem sicherzustellen oder gar zu erhöhen. Bildungsministerien sollten sich weniger als Oberaufsicht, sondern vielmehr als Dienstleister gegenüber den Lehrerinnen und Lehrern verstehen und für möglichst gute Rahmenbedingungen sorgen. Sie sollten den Schulen mehr Autonomie gewähren sowie den Lehrern Vertrauen schenken und mehr Verantwortung übertragen. Mit dieser Form der Wertschätzung werden Lehrer motiviert, die Qualität der Schule zu erhöhen. Im Gegenzug darf freilich auch von den Lehrkräften erwartet werden, dass sie sich nicht nur für den Beamtenstatus und Lohnerhöhungen ins Zeug legen, sondern sich auch tatkräftig für eine kindgerechte Schule engagieren, Verantwortung übernehmen, ihre fachlichen Kompetenzen weiterbilden und damit zur Qualität der Schule nachhaltig beitragen.

Wie weit lässt sich die Schule überhaupt noch verbessern? Mit unserem Bildungswesen sind wir in den westeuropäischen Ländern insgesamt auf einem vergleichsweise hohen Niveau angelangt. Wahrscheinlich stehen wir in Europa bereits näher an einer unüberwindbaren Obergrenze des Bildungspotenzials, als wir wahrhaben wollen. Wir müssen uns daher genau

Kinder wollen lernen.

überlegen, wie wir den Bildungsstand unserer Gesellschaft noch weiter anheben können. Weitere Verbesserungen werden vor allem bei Kindern der sozial benachteiligten Schichten noch zu erzielen sein, weit weniger bei denjenigen der Mittel- und Oberschicht.

Das Bildungspotenzial einer Gesellschaft, worunter sämtliche in der Bevölkerung vorhandenen Fähigkeiten zu verstehen sind, ist vorgegeben. Diese biologische Einschränkung zu akzeptieren fällt vielen Bürgern und Bildungspolitikern verständlicherweise schwer. Es kann nur noch geringfügig wachsen, aber es lässt sich in seiner Vielfalt optimal und anders nutzen. Eine solche Verbesserung kann darin bestehen, dass die Schule nicht mehr so sehr auf Quantität setzt, indem sie versucht, Kindern möglichst viel Wissen und Fertigkeiten zu vermitteln, sondern vermehrt die Qualität in den Vordergrund stellt, indem sie Fähigkeiten wie Eigenständigkeit, Verantwortungsbereitschaft, soziale Kompetenz und Kreativität bei den Kindern fördert. Unsere Aufmerksamkeit sollte künftig weniger dem Lernstoff als vielmehr den Lernprozessen gelten. Wie lernen Kinder? Wie bleibt ihre Lernbereitschaft erhalten?

Eine weitere Verbesserungsmöglichkeit besteht darin, dass wir die Vielfalt an Begabungen möglichst optimal nutzen. Niemand sollte sich der Illusion hingeben, wir würden es mit irgendwelchen Lernprogrammen schaffen, jeden schwachen zu einem starken Schüler umzuwandeln. Auch dem besten Bildungssystem gelingt es nicht, aus jedem Jugendlichen einen Informatiker oder einen Wirtschaftsjuristen zu machen. Selbst im PISA-Weltmeister-Land Finnland gibt es Analphabeten. Aber aus Analphabeten können durchaus gute Gärtner oder Schreiner werden. In Deutschland, Österreich und in der Schweiz gibt es zehn bis 15 Prozent Schulabgänger, deren schulisches Leistungsniveau nur für eine begrenzte berufliche Ausbildung ausreicht. Für die Schule heißt das, die Stärken bei den Kindern aufzufinden und die Talente nicht nur in den traditionellen Fächern, sondern in der ganzen Breite zu fördern. So kann es gelingen, möglichst vielen Menschen zu einem existenzsichernden Auskommen zu verhelfen.

Die Schule muss reformiert werden, damit Kinder und Gesellschaft in der Zukunft eine Chance haben. Die größte Herausforderung sind wir selbst, Eltern, Lehrer und Bildungspolitiker. Wenn die Schule erneuert werden soll, müssen auch wir uns weiterentwickeln. Wir dürfen nicht am Alten festhalten, weil es sich in der Vergangenheit einigermaßen bewährt hat und vor allem uns lieb und teuer ist. Die Zukunft ist nur schwer voraussehbar, und so fehlt uns weitgehend die Vorstellungskraft, wie die zukünftige Schule aussehen muss. Einen sicheren Orientierungspunkt jedoch gibt es: die Kinder als lernende Wesen. Auf sie sollten wir die Schule ausrichten.

Dank

Mein herzlicher Dank geht an Martin Beglinger, Monika Czernin und Margaret Plath. Sie haben das Manuskript kritisch durchgesehen und mich mit hilfreichen Anregungen in meiner Arbeit unterstützt.

Im Weiteren möchte ich allen Eltern und Kindern danken, die uns erlaubt haben, Bilder von ihnen in dieses Buch aufzunehmen: Eva und Peter Gächter, Oskar und Sonja Jenni, Catherine und Urs Walter sowie der 2. Gymnasialklasse der Kantonsschule Glarus.

Ein besonderer Dank gilt der Lektorin, Ulrike Fritzsching. Mit ihrer sorgfältigen und umsichtigen Art hat sie wesentlich zum guten Gelingen des Buches beigetragen. Mein Dank geht schließlich auch an die Körber-Stiftung, die das Buchprojekt iniziert und auch ermöglicht hat.

Remo H. Largo
August 2010

Literatur

Abbott, A.: »Mozart Doesn't Make you Clever«, in: *Nature Online*, 13. April 2007

Allensbach Institut für Demoskopie (Hrsg.): IfD-Umfrage 4297 2006

Allensbach Institut für Demoskopie (Hrsg.): IfD-Umfrage 5256 2009

Archiv der Zukunft (Hrsg.): http://www.adz-netzwerk.de

Bandura, A.: *Lernen am Modell.* Stuttgart 1976

Bischof-Köhler, D.: *Kinder auf Zeitreise. Theory of Mind, Zeitverständnis und Handlungsorganisation.* Bern 2000

Bischof-Köhler, D.: *Spiegelbild und Empathie.* Bern 1989

Bos, W.: »Note: zwei minus«, in: *Die Zeit* 16/2003, S. 36

Bowlby, J.: *Attachment and Loss, Vol. 1: Attachment.* New York 1969

Bowlby, J.: *Attachment and Loss, Vol. 2: Separation.* New York 1975

Brisch, K.H., Grossman, K.E., Grossmann, K., Köhler, L.: *Bindung und seelische Entwicklungswege.* Stuttgart 2002

Bundesamt für Statistik (Hrsg.): PISA Schweiz: http://www.pisa.admin.ch/bfs/pisa/de

Bundesministerium für Familie, Senioren, Frauen und Jugend (Hrsg.): Familienreport 2010

Chomsky, N.: *Aspects of the Theory of Syntax.* Cambridge/Mass. 1967

Coradi Vellacott, M., Wolter, S.C.: *Chancengleichheit im schweizerischen Bildungswesen*. Aarau 2005

Coradi Vellacott, M.: *Bildungschancen Jugendlicher in der Schweiz: Eine Untersuchung familiärer, schulischer und sozial-räumlicher Einflüsse auf Leistungsunterschiede am Ende der obligatorischen Schulzeit*. Zürich 2007

Csikszentmihalyi, M.: *Flow*. New York 1990

de Beauvoir, S.: *Das andere Geschlecht. Sexus und Sitte der Frau*. Reinbek 2000

Denzler, S., Wolter, S.: *Unsere zukünftigen Lehrerinnen und Lehrer – Institutionelle Faktoren bei der Wahl eines Studiums an einer Pädagogischen Hochschule*. Zürich 2008

Dewey, J.: *Demokratie und Erziehung. Eine Einleitung in die philosophische Pädagogik*. Weinheim 1993

Dohmen, D.: *Was wissen wir über Nachhilfe? Sachstand und Auswertung der Forschungsliteratur zu Angebot, Nachfrage und Wirkungen*. Berlin 2008

Eaton, W.O., Enns, L.R.: »Sex Differences in Human Activity Level«, in: *Psychological Bulletin*, 100/1986, S. 19–28

Eaton, W.O., McKeen, N.A., Campbell, D.W.: »The Waxing and Waning of Movement: Implications for Psychological Development«, in: *Developmental Review*, 21/2001, S. 205–223

Eibel-Eiblsfeldt, I.: *Grundriß der vergleichenden Verhaltensforschung*. München 1974

Europäisches Forum für Freiheit im Bildungswesen (Hrsg.): *32. effe-Konferenz: Von frühkindlicher Neugierde bis zur Schulverweigerung*. Brüssel 2008. http://ec.europa.eu/employment_social/esf.

Fend, H.: *Neue Theorie der Schule*. Wiesbaden 2006

Flynn, J.R.: »The Mean IQ of Americans: Massive Gains 1932 to 1978«, in: *Psychological Bulletin*, 95/1984, S. 29–51

Fritschi, T., Oesch, T.: *Volkswirtschaftlicher Nutzen von frühkindlicher Bildung in Deutschland. Eine ökonomische Bewertung langfristiger Bildungseffekte bei Krippenkindern.* Bertelsmann Stiftung Deutschland 2008. http://www.bertelsmann-stiftung.de/bst/de/media/xcms_bst_dms_23966_23968_2.pdf

Gardner, H.: *Abschied vom IQ. Die Rahmentheorie der vielfachen Intelligenz.* Stuttgart 1985

Geary, D. C.: *Male, Female: The Evolution of Human Sex Differences.* Washington 2009

Harris, J. R.: *Ist Erziehung sinnlos? Die Ohnmacht der Eltern.* Reinbek 2000

Heidemann, R.: *Körpersprache im Unterricht. Ein Ratgeber für Lehrende.* Wiebelsheim 2007

Hinrichs, P., Koch, J., Meyer, C., et al.: »Horrortrip Schule«, in: *Der Spiegel* 46/2003, S. 46–70

Huwiler, K.: *Herausforderung Mutterschaft.* Bern 2001

Imdorf, C.: »Schulische Formalqualifikation als Leistungsmesser auf der Sekundarstufe I: Verzerrung nach Geschlecht und nationaler Herkunft«, in: *Kongress ADMEE/SGBF.* Genf 2002

Institut Beatenberg (Hrsg.): http://www.lerndesign.ch/lernmaterialien

IPN – Leibniz-Institut für die Pädagogik der Naturwissenschaften und Mathematik an der Universität Kiel (Hrsg.): PISA (2003, 2006) Deutschland: http://pisa.ipn.uni-kiel.de//pisa2003/index.html

Kanaya, T., Scullin, M. H., Ceci, S. J.: »The Flynn Effect and U.S. Policies. The Impact of Rising IQ Scores on American Society via Mental Retardation Diagnosis«, in: *American Psychologist*, 58/2003, S. 778–790

Kegler, U.: *In Zukunft lernen wir anders. Wenn die Schule schön wird.* Weinheim 2009

KONSORTIUM Bildungsberichterstattung (Hrsg.): *Bildung in Deutschland. Ein indikatorengestützter Bericht mit einer Analyse zu Migration und Bildung*. Frankfurt a.M. 2006

Korczak, J.: *Das Recht des Kindes auf Achtung*. Göttingen 1970

Korczak, J.: *Wie man Kinder lieben soll*. Göttingen 1989

Kronig, W.: *Die systematische Zufälligkeit des Bildungserfolgs: Theoretische Erklärungen und empirische Untersuchungen und Leistungsbewertung von leistungsschwachem Lernen*. Bern 2007

Laging, R.: *Altersgemischtes Lernen in der Schule. Grundlagen – Schulmodelle – Unterrichtspraxis*. Baltsmannweiler 2003

Largo, R.H., Jenni, O.G.: »50 Jahre Forschung in den Zürcher Longitudinalstudien. Was haben wir daraus gelernt?«, in: Arbeitsstelle Frühförderung Bayern (Hrsg): *Forschung für die Praxis – Wie funktioniert kindliche Entwicklung?* München 2005, S. 47–56

Lenneberg, E.H.: *Biological Foundation of Language*. New York 1967

Levy, R., Joyce, D., Guye, O., Kaufmann, V.: *Tous égaux? De la stratification aux représentations*. Zürich 1997

Max-Planck-Gesellschaft zur Förderung der Wissenschaften e.V. (Hrsg.): PISA (2000) Deutschland: http://www.mpib-berlin.mpg.de/pisa/

Mayr, E.: *Das ist Evolution*. München 2003

Melzoff, A., Moore, M.K.: »Imitations of Facial and Manual Gestures by Human Neonates«, in: *Science* 198/1977, 75–78

Moser, U., Keller, F.: *Check 5: Schlussbericht zuhanden des Departements Bildung, Kultur und Sport des Kantons Aargau*. Zürich 2008

Moser, U.: *Analyse zur Volksschule zuhanden der SP Schweiz*. Zürich 2007

Moser, U., Keller, F., Tresch, S.: *Schullaufbahn und Leistung*. Bern 2003a

Moser, U., Tresch, S.: *Best Practice in der Schule: Von erfolgreichen Lehrerinnen und Lehrern lernen*. Zürich 2003b

Moser, U., Lanfranchi, A.: »Ungleich verteilte Bildungschancen«, in: Eidgenössische Koordinationskommission für Familienfragen (Hrsg.): *Familien – Erziehung – Bildung*. Bern 2008

Neubauer, A., Stern, E.: *Lernen macht intelligent. Warum Begabung gefördert werden muss*. München 2007

OECD 2003 bis 2008: http://www.oecd.org

OECD (Hrsg.): PISA OECD: http://www.pisa.oecd.org/

Opp, G., Teichmann J.: *Positive Peer Kultur. Best Practices in Deutschland*. Bad Heilbrunn 2008

Piaget, J.: *Das Erwachen der Intelligenz beim Kinde*. Gesammelte Werke 1, Studienausgabe. Stuttgart 1975

PISA Netzwerkschulen in Finnland (Hrsg.): http://www.sotunki.edu.vantaa.fi/pisa/

PISA Österreich: http://www.bifie.at/pisa

Preisendörfer, B.: *Das Bildungsprivileg. Warum Chancengleichheit unerwünscht ist*. Frankfurt a.M. 2008

Premack, D., Woodruff, G.: »Does the Chimpanzee Have a Theory of Mind?«, in: *Behavioral Brain Science*, 1/1978, S. 515–526

Prenzel, M.: »Die Stundenkürzungen sind eine Chance«, in: *Süddeutsche Zeitung*, 3. April 2008

Prenzel, M., et al.: *PISA 2003. Untersuchungen zur Kompetenzentwicklung im Verlauf eines Schuljahres*. Münster 2006

Pusterla, F.: *Zur Verteidigung der Schule*. Limmat Verlag 2010

Rölleke, H. (Hrsg.): *Kinder- und Hausmärchen, gesammelt durch die Gebrüder Grimm*. Darmstadt 1999

Rossbach, H.G. »Empirische Vergleichsuntersuchungen zu den Auswirkungen von jahrgangsheterogenen und jahrgangshomogenen Klassen«, in: Laging, R.: *Altersgemischtes Lernen in der Schule*. Hohengehren 1999, S. 80–91

Rutter, M., Maugham, B.: *Fünfzehntausend Stunden. Schulen und ihre Wirkung auf die Kinder*. Weinheim, Basel 1980

Sachsinger, D. (Hrsg.): »Frühe Mehrsprachigkeit«, http://www.fruehe-mehrsprachigkeit.info

Salcher, A.: *Der talentierte Schüler und seine Feinde.* Salzburg 2008

Saris, W. H. M.: »Physical Acitivity and Body Weight Regulation«, in: Bouchard, C., Bray, G. A. (Ed.): *Regulation of Body Weight: Biological and Behavioral Mechanisms.* New York 1996, S. 135–148

Scarr, S.: »Developmental Theories for the 1990s: Development and Individual Differences«, in: *Child Development,* 63/1992, S. 1–19

Schaarschmidt, U.: »Die Ausgebrannten«, in: *Die Zeit,* 51/2006, S. 47

Schaarschmidt, U.: *Halbtagesjobber? Psychische Gesundheit von Lehrerinnen und Lehrern.* Potsdam 2005

Schmeiser, M.: *»Missratene« Söhne und Töchter. Verlaufsformen des sozialen Abstiegs in Akademikerfamilien.* Konstanz 2003

Schneider, M.: *Klassenwechsel. Aufsteigen und Reichwerden in der Schweiz: Wie Kinder es weiterbringen als ihre Eltern.* Basel 2007

Shell Deutschland (Hrsg.): Shell Jugend-Studie 2006: http://www.shell.de/home/content/deu/aboutshell/our_commitment/shell_youth_study

Slomkowski, C., Dunn, J.: »Young Children's Understanding of Other People's Beliefs and Feelings and their Connected Communication with Friends«, in: *Developmental Psychology,* 32/1996, S. 442–447

Sonderegger, J.: »Erster Förderort ist der Unterricht. Allgemeindidaktische Einführung«. In: Schweizerische Koordinationsstelle für Bildungsforschung (SKBF): *Begabungsförderung in der Volksschule. Umgang mit Heterogenität.* Aarau 1999, S. 45–60

Stamm, M., Viehhauser, M.: »Frühkindliche Bildung und soziale Ungleichheit. Analysen und Perspektiven zum chancenausgleichenden Charakter frühkindlicher Bildungsprogramme«, in: *Zeitschrift für Sozialisation und Soziologie der Erziehung* 2008

Teasdale, T.W., Owen, D.R.: »A Long-term Rise and Recent Decline in Intelligence Test Performance: The Flynn Effect in Reverse«, in: *Personality and Individual Differences* 39/2005, S. 837–843

Tomasello, M.: *Die kulturelle Entwicklung des menschlichen Denkens. Zur Evolution der Kognition.* Frankfurt a.M. 2002

Van Wieringen, J.C.: »Secular Growth Changes«, in: Falkner, F., Tanner, J.M. (Ed.): *Human Growth*, Volume 3. New York 1986, S. 307–332

Volken, J.S., Knöpfel, C.: *Armutsrisiko Nummer eins: geringe Bildung. Was wir über Armutskarrieren in der Schweiz wissen.* Luzern 2004

von Hentig, H.: *Bewährung. Von der nützlichen Erfahrung, nützlich zu sein.* Weinheim 2007

Vuille, J.C., Carvajal, M.I., Casaulta, F., Schenkel, M.: *Die gesunde Schule im Umbruch.* Zürich 2004

Wössmann, L.: *Letzte Chance für gute Schulen. Die 12 größten Irrtümer, und was wir wirklich ändern müssen.* München 2007

Bildnachweis

Seite 10: Süddeutsche Zeitung/Scherl
Seite 11: Süddeutsche Zeitung/photothek.net
Seite 22: akg-images
Seite 23: Süddeutsche Zeitung Photo/Andreas Heddergott
Seite 33: Privatarchiv Remo H. Largo
Seite 57: picture-alliance/Süddeutsche Zeitung Photo
Seite 67: Peter Frischmuth
Seite 68: Catherine Walter
Seite 74 und 75: Privatarchiv Remo H. Largo
Seite 85: picture-alliance/dpa
Seite 117: O. Jenni/Remo H. Largo
Seite 126: picture-alliance/Image Source
Seite 135: Jann Wilken/Körber-Stiftung
Seite 163: Martin Beglinger
Seite 173: Archiv Körber-Stiftung

Register

Ablehnung 36, 43, 132
Altersgemischte Klassen 141
Anlage 64, 66, 87 ff., 92, 120, 146
Außerfamiliäres Umfeld 14, 49
Autoritäre Erziehung 108
Autorität 19

Begabungsprofil 86
Berufliche Ausbildung 158
Bewegungsdrang 71 ff.
Beziehungsbereitschaft 109 f.
Beziehungsorientierte Pädagogik 127
Beziehungsqualität 30, 127
Bezugspersonen 30–38, 43, 48 f., 95, 115, 125
Bildungsgerechtigkeit 116, 167
Bildungspolitik 156, 160 ff., 167, 171 ff.
Bildungsstandard 168, 171
Bildungsstrategie 24 ff.

Bildungssystem 8, 16, 19 f., 22, 26, 91 f., 119, 155, 159, 166, 169, 172, 174
Bindungsverhalten, kindliches 30–35, 39, 125, 132

Chancengerechtigkeit 119, 168

Distanzverhalten 37
Disziplin 40 ff., 108, 110 f.

Eigener Wille 46 f., 51 f.
Eltern-Kind-Beziehung 32
Emotionale Abhängigkeit 32, 44 f., 127
Entwicklungsalter 84 ff.
Entwicklungsgerecht Lernen 49, 80, 94, 116, 148 f.
Entwicklungspotenzial 24, 69, 82, 91 f., 155, 163
Entwicklungsspezifische Erfahrungen 64, 79

Erwartungen 32, 48, 82, 96, 121 ff., 130
Erzieherische Maßnahmen 40–45
Ethische Fragestellungen 18, 20, 56 f., 124

Familie 7 ff., 10–20, 34 f., 115
Flow-Erfahrung 69
Flynn-Effekt 89
Fremdsprache 62 ff.
Frühförderung 8, 62, 77

Ganztagsschule 111, 138, 158
Geborgenheit 7, 31, 34, 125 ff.
Gefühle 36, 38, 51, 53–55, 107, 140
Gegliedertes Schulsystem 164
Gehorsam 30, 40 f., 43 f., 46 f., 56, 108 ff.
Gemeinsames Lernen 160 ff.
Gene/Genom 87
Generationen 9, 11, 15 ff., 119
Gesamtschule 25, 160–166
Gewalt 9, 55, 113
Globalisierung 19, 21, 62
Grenzen setzen 40, 110, 114
Gute Lehrer 148 ff., 153

Heterogenität 15, 92, 162

Ich-Entwicklung 51 f.
Identitätsbildung 16 ff.
Identitätsfindung 34
Immersionslernen 62
Individualisierter Unterricht 102 ff., 140 ff.
Individuelle Lernziele 146
Integration 143 ff., 156–158, 166, 168
Intelligenzquotient 89
Intraindividuelle Variabilität 86
Introspektion 38

Kinderbetreuung 14, 49, 56, 116, 158
Kindgerechte, -orientierte Erziehung 101, 107 ff.
Kindgerechte Schule 123 ff.
Kindheitserfahrungen 96
Kita 12–14
Klassenkampf im Bildungswesen 161
Klassenlehrer 128
Körpersprache 35–39
Körperstrafen 42
Kompetenzraster 147
Kultur 9, 16, 20, 31

Lebensgemeinschaft 7, 10, 17 f., 40, 56
Lebenslanges Lernen 22

Lehren 133 ff.
Lehrer-Eltern-Kontakt 129
Lehrpläne 137, 145
Lernangebot 80, 137
Lernen begleiten, unterstützen 77 ff., 151
Lernen durch Lehren 143
Lernerfolg 62, 127
Lernmotivation 32, 61, 69 f., 77, 80, 102, 121, 141 f., 164
Lernschwäche 50, 78, 141
Lernstrategien 124, 133
Lesekompetenz 90 ff.

Magische Phase 54
Medienkompetenz 19, 24, 121
Modell-Lernen 47
Moral 43, 51 f., 56
Motorische Aktivität 71 ff.
Mutter 12–14, 115

Nachahmung 38 ff., 48, 100
Nachhilfeunterricht 8, 118, 165, 167
Natur 75 ff.
Negative Schulerfahrung 121
Neugeborene 48, 84
Neugier(de), Neugierverhalten 64, 69 f., 81, 115, 135
Nonverbale Kommunikation 35–39

Normvorstellungen 83, 85 ff., 96
Noten 133, 146, 165

Pädagogische Kompetenz 151 f., 169–174
Peers 34 ff., 95
Persönlichkeit 13, 40, 93, 103, 109, 139
PISA-Studien 8, 90 f., 115, 134, 140, 149, 162, 168, 170 ff.
Psychosomatische Erkrankungen 8 f., 121, 132, 192

Reformen 8, 24, 149, 155, 167, 171 ff.
Regeln 40, 47, 56 f., 142
Religion 18
Respekt 44 f., 54, 103
Rituale 16, 56, 63, 142
Rollenverständnis von Frau und Mann 12–14

Sauberkeitserziehung 98 ff.
Scheidung 11–14
Schlafbedarf 97 f.
Schlafstörungen 96
Schüler-Lehrer-Beziehung 44 f., 127
Schulischer Druck 115, 118, 120, 123, 141, 164

Schwäche 50, 78f., 86, 121, 124, 140f., 151, 174
Selbstbestimmt lernen 66ff.
Selbstwertgefühl 56, 67, 70, 77ff., 101f., 107, 121–124, 140f., 151
Selektion 8, 25, 116, 152, 162–165, 168
Solidarisches Verhalten 56, 144, 167
Sozial kompetent 7, 47ff., 113, 124, 143, 154
Soziale Diskriminierung 165
Soziale Signale 38
Soziale Unterschiede 21, 89
Sozialer Status 118
Soziales Lernen 38ff., 47
Sozialisierung 30f., 49, 156
Sozialverhalten 30f., 36, 39, 48, 50, 64, 72, 134
Sprachentwicklung 59ff.
Spracherwerb analytisch/synthetisch 59ff., 64
Stärke 86, 93, 95, 120, 124, 138, 140, 174
Strukturwandel 20ff.

Teilleistungsschwäche 78f., 143, 154
Theorie des Denkens/Theory of Mind 53

Üben 79ff., 133
Überforderung 19, 42, 61, 67, 69ff., 102, 119ff., 140, 144
Umwelt 89, 91
Unterfordert 70, 102, 140, 165

Vertrauen 78, 94, 109, 112, 114, 124, 127, 129ff., 150, 172
Vertrauensperson 45, 154
Vielfalt 84, 102, 153, 159, 161, 174
Vorbilder 30f., 38, 48ff., 54, 75, 100

Wald 74ff., 110
Wertvorstellungen 7, 19, 30, 47, 49ff., 139
Wirtschaft 20f.
Wirtschaftlicher Wandel 22
Wohlbefinden des Kindes 32f., 70f., 79, 110, 129, 132

PIPER

Remo H. Largo, Monika Czernin
Jugendjahre

Kinder durch die Pubertät begleiten. 400 Seiten
mit 77 Abbildungen und Grafiken. Gebunden

Computersucht, Komasaufen, Schulmüdigkeit – selten gibt es positive Schlagzeilen über Jugendliche. Und das, obwohl die Mehrheit selbstbewusst, verantwortungsvoll und mit viel Eigeninitiative in die Welt startet. Mit ihrem Buch wollen Remo H. Largo und Monika Czernin Verständnis für die Jugendlichen und ihre schwierigen Entwicklungsaufgaben wecken und den Blick dafür schärfen, dass sie es sind, in deren Händen die Zukunft liegt. In bewährter Manier bietet das Buch Rat und Hilfe für verunsicherte Eltern, Lehrer und alle, die mit Jugendlichen zu tun haben – ein Buch, das zum Umdenken auffordert.

01/1981/01/L

PIPER

Remo H. Largo, Martin Beglinger
Schülerjahre

Wie Kinder besser lernen. 336 Seiten mit 100 Farbfotos und Grafiken. Gebunden

In der Debatte über Schule und Erziehung fordern die Eltern bessere Lehrer, die Pädagogen mehr Disziplin, und die Psychologen beklagen Tyrannen. Das Wesentliche gerät dabei oft aus dem Blick: das Kind selbst. Jetzt äußert sich Remo H. Largo, der bekannte Entwicklungsspezialist, dessen Erziehungsklassiker »Babyjahre« und »Kinderjahre« Generationen von Eltern wertschätzen. Im Gespräch mit dem Journalisten Martin Beglinger zeigt er, wie die gute Schule sich am einzelnen Kind orientiert. Was tun, damit die Jungen nicht ins Abseits geraten? Wie umgehen mit der Turboschule? Wie lernen Kinder lieber und deshalb leichter? »Schülerjahre« ist ein engagiertes Plädoyer für ein neues Verständnis von Schule, in der Kinder unterrichtet werden und nicht nur Fächer.

01/1849/01/R